每天30分，学点财务报表

马军红◎编著

中华工商联合出版社

图书在版编目（CIP）数据

每天30分，学点财务报表 / 马军红编著. --北京：中华工商联合出版社，2020.12

ISBN 978-7-5158-2903-6

Ⅰ. ①每… Ⅱ. ①马… Ⅲ. ①会计报表－基本知识 Ⅳ. ①F231.5

中国版本图书馆CIP数据核字（2020）第203820号

每天30分，学点财务报表

作　　者：马军红
出 品 人：李　梁
责任编辑：付德华　关山美
装帧设计：北京任燕飞图文设计工作室
责任审读：于建廷
责任印制：迈致红
出版发行：中华工商联合出版社有限责任公司
印　　制：三河市宏盛印务有限公司
版　　次：2021年6月第1版
印　　次：2021年6月第1次印刷
开　　本：710mm×1000mm　1/16
字　　数：254千字
印　　张：18.25
书　　号：ISBN 978-7-5158-2903-6
定　　价：49.80元

服务热线：010－58301130-0（前台）
销售热线：010－58301132（发行部）
010－58302977（网络部）
010－58302837（馆配部）
010－58302813（团购部）
地址邮编：北京市西城区西环广场A座19—20层，100044
http://www.chgslcbs.cn
投稿热线：010－58302907（总编室）
投稿邮箱：1621239583@qq.com

PREFACE 前言

财务报表就是一套包括了企业全部财会信息的表格，概况地反映了企业的财务状况、经营成果和现金流量等财务信息，提供了大量可以预测企业有关经营活动结果的信息，是企业生产经营成果和财务状况的综合反映，是企业最重要的财务报告之一。在市场经济条件下，股东、债权人、行政管理部门以及潜在的投资者等与企业有利害关系的团体和个人，都迫切需要取得企业有用的财务信息，了解企业的生产经营状况，以便进行科学的决策。

然而，不少报表使用者都苦于其专业性太强、名词术语太多、会计理论方法烦琐，很难读懂，更难以分析。因此，如何快速掌握企业财务报表的基本原理和阅读技巧，成为摆在许多报表使用者面前的一个现实问题，这也正是此书编写的目的。

本书本着“一看就懂”的思想，通过平实的语言、清晰明了的图形、图表，将复杂枯燥的财务报表知识讲述得简单易懂，并通过大量真实的案例，使读者能够直观地了解企业财务报表的内容，并能够进行简单的财务分析，透彻地解读财务报表数字背后的秘密，从而为选择业务上的合作伙伴，进行高效投资等提供有效依据。

全书共分七章。第一章介绍财务报表的基础知识，让报表使用者在最短的时间内对财务报表不再陌生；第二章至第六章分别讲述了资产负债表、利润表、现金流量表、所有者权益变动表及财务报表附件的阅读方法和分析技术；第七章则高屋建瓴，不仅讲述了企业盈利能力、营运能力、偿债能力和发展能力的分析和评估，还介绍了有关报表造假的甄别方法，这样就拓展了财务报表的知识范围，让报表使用者擦亮双眼，避免被粉饰的财务报表所迷惑。

本书在论述上具有以下特点：

1. 按照财务报表的几个主要构成部分，以资产负债表、利润表、现金流量表、所有者权益变动表、财务报表附件单独成章，并按照其结构框架或分析指标组织，系统性强，脉络清晰，结构合理，便于报表使用者学习。

2. 深入浅出，力求贴近读者。为了让读者一目了然地理解书中专业概念，本书运用逻辑拆解法将概念间的关系做成图表分析的形式，将专业知识通俗化，让报表使用者一学就会。

3. 结构严谨，内容全面。不仅涉及报表的编制、阅读，更注重报表的分析；不仅讲述了基本的分析方法，而且分项进行指标分析；不仅针对某一报表分析，更把资产负债表、利润表、现金流量表等的关系勾勒出来，做到以点代线，系统全面分析。

4. 理论与实际相结合，让报表使用者在理论知识的学习中掌握对企业的偿债能力、盈利能力、营运能力和发展能力等的分析判断。

本书在编写过程中，参考了大量相关专家的著作、教材及其观点，在此表示诚挚的感谢。

由于作者学识水平有限，财务报表涉及的数据较多，加之会计政策、会计制度变化较快，书中难免有不足甚至错误之处，恳请读者批评指正，以便做进一步的修改与完善。

编 者

CONTENTS 目录

第六章
必要补充——快速看懂财务报表附件......205

第七章
高屋建瓴——鸟瞰会计报表......243

第一章

见微知著——透过一角看冰山

通过本章的阅读，我们可以认识企业财务报表编制的重要性，知晓财务报表的作用、报送、审核等；并能够了解企业财务报表的家族成员；同时我们也会对企业的财务报表编制前的准备工作和需要遵守的规则有一个大致的了解。

学习导读：

◆了解财务报表的家族成员

◆知晓财务报表编制前的准备工作

◆掌握财务报表编制需要遵守的规则

◆体会财务报表分析的重要性

初识财务报表

财务报表是一叠纸，这叠纸上布满了文字和数字。对于真正懂得财务报表的人来说，这些文字和数字就是“金矿”，包含了无数重要的信息，他们也确实能够从这座“金矿”中挖到“真金白银”，得到收益。

◎什么是财务报表

财务报表是企业管理的晴雨表，如果你能深入地了解一家企业的财务报表，那么你就一定能够深入了解这家企业的经营管理情况，从而及时采取有效的措施来解决企业经营中存在的一些问题，使得企业朝着更健康的方向发展。

下面我们通过一个小故事来了解什么是财务报表。

小故事：企业财务报表的诞生

张山和李玉两人合伙成立了建宏商贸公司，主要经营与建筑业相关的钢筋、水泥、砂、碎石、块石、毛石等相关产品的销售。公司于2019年底注册成立，2020年1月1日正式运营运。公司注册资金300万元，其中张山和李玉共同投资200万元，从银行贷款100万元，借款期限为5年，年利率为5%，贷款利息按年支付，5年后一次性付清贷款本金和最后一年利息。

建宏商贸公司在2020年的运营过程如图1-1所示。为了更加简洁明了，这里我们仅抽取建宏商贸公司典型经营事例，而省略了很多的经营细节，如是否租用办公室、是否购买办公设备等。

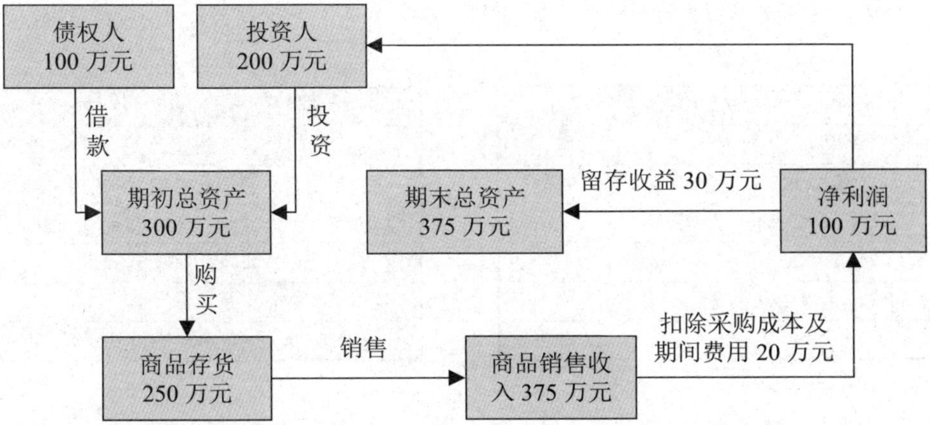

图 1-1 建宏商贸公司经营过程

2020 年初，建宏商贸公司按照施工方要求，一次性低价购进了 250 万元的钢筋、水泥、砂、碎石等建筑材料，并于 2020 年底完成销售收入 375 万元，扣除期间发生的 250 万元采购成本及 20 万元销售费用和其他费用，又支付了银行当年的贷款利息 5 万元，建宏商贸公司截至 2020 年底共实现了 100 万元的净利润（建宏商贸公司成立当年享受免税待遇）。为了扩大公司经营规模，建宏商贸公司仅拿出 25 万元用于投资分红，其余 75 万元全部用于再投资。

企业生产经营是一个连续不断的过程，那么，如何把这种经营过程用标准化的报告和表格进行描述和表达呢？这就是企业的财务报表要完成的任务。现在我们把该公司的上述经营过程用以下几张简单的表格来描述，如表所述。

表 A-1 建宏商贸公司资产负债表

2019 年 12 月 31 日

资产负债表	
总资产 / 万元	300
总负债 / 万元	100
所有者权益 / 万元	200

表 A-2 建宏商贸公司资产负债表

2020 年 12 月 31 日

资产负债表	
总资产 / 万元	375
总负债 / 万元	100
所有者权益 / 万元	275

表 A-3 建宏商贸公司利润表

2020 年 12 月 31 日

利润表	
销售收入 / 万元	375
销售成本 / 万元	250
销售及管理费用 / 万元	25
税前利润 / 万元	100
应缴所得税 / 万元	0
净利润 / 万元	100

表 A-4 建宏商贸公司现金流量表

2020 年 12 月 31 日

现金流量表	
经营活动现金流入 / 万元	375
经营活动现金流出 / 万元	270
经营活动现金流量净额 / 万元	105
投资活动现金流量净额 / 万元	0
筹资活动现金流量净额 / 万元	-30
现金流量净增加额 / 万元	30

表 A-5 建宏商贸公司所有者权益变动表

所有者权益变动表					
项目	本年金额 / 万元				
	实收资本	资本公积	盈余公积	未分配利润	合计
一、上年年末余额	200	0	0	0	200
二、本年年初余额	200	0	0	0	200
三、本年增减变动				75	75
（一）净利润				100	100
（二）直接计入权益的利得和损失					
（三）所有者投入和减少资本					
（四）利润分配				-25	-25
（五）所有者权益内部结转					
四、本年年末余额	200	0	0	75	275

上面几张表格，就是建宏商贸公司的简单财务报表。企业的财务报表，是把企业的连续经营过程用统一的货币计量单位，以特定形式的报告和标准格式的表格表达出来，总括地反映企业在一定时期内的财务状况、经营成果和现金流量的总结性书面报告文件。财务报表是整个会计核算过程的最终结果，是企业提供财务信息的重要工具和进行财务分析的基础。

财务报表的类型

财务报表的种类很多，按不同形式，分为几大类，如图 1-2 所示。

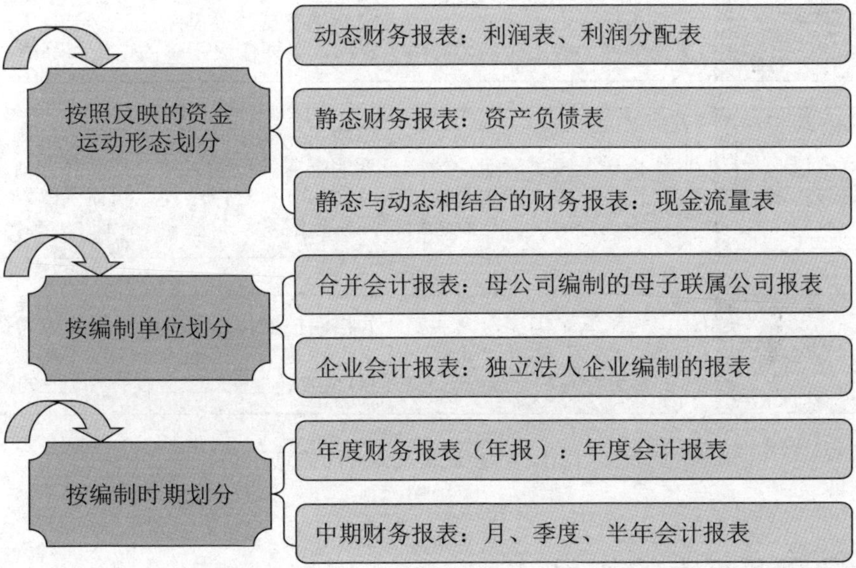

图 1-2 财务报表的分类

◎财务报表体现的信息

与其他资料相比，财务报表所提供的资料具有更集中、更系统、更具条理性等特点，财务报表所提供的财务信息主要表现在以下几个方面，如图 1-3 所示。

投资信息	投资者最关心的是投资风险和投资报酬，财务报表能帮助他们决定是否对企业进行投资，何时进行投资以及是继续持有还是转让对企业的投资
债权信息	债权人最担心的是债权的安全性，财务报表能为企业债权人如金融机构、供应商或其他商业债权人等提供企业资金运转情况、短期偿债能力和支付能力的信息资料，以便作出正确的信贷和赊销决策
管理信息	会计报表信息概括了企业经营活动的实绩，企业管理者可利用会计报表及时了解企业一定日期的财务状况和一定时期的经营情况，分析企业成本费用开支是否节约，分析资产结构、负债状况以及产权结构等情况，从而达到加强经济核算、加强资金管理
调控信息	为了满足国家对企业实行间接调控的信息需要，会计报表可为财政、税务、审计、企业上级主管机关等部门提供干预或管制所依据的信息，有利于政府管理部门对企业进行管理，借以引导企业的发展

图 1-3　会计报表体现的信息

◎财务报表的作用

市场经济条件下，由于企业所有权与经营权相分离，存在着企业“外部”和企业“内部”之间的委托经营与受托经营的关系，同时企业必须向市场进行筹资、投资和经营活动，客观上要求企业向投资人、债权人及其他各方面的信息使用者提供财务信息。因此，企业财务报表的主要作用体现在这样几个方面，如图 1-4 所示。

- 为投资者和债权人进行有关决策提供重要依据
- 为企业加强生产经营管理提供重要依据
- 为国家制定宏观经济调控政策提供重要依据

图 1-4 财务报表作用

◎财务报表的报送、审核与汇总

小故事：中国古代的会计报告制度

中国古代的会计报告制度，当首推“上计”制度。所谓“上计”，就是指下级官员逐级向上呈送会计报告。周王朝规定，每年终和三年大计，小宰和司会按规定对所属报送的会计报告统一勾考后呈送大宰，最后由大宰呈报周王。周王根据报告期的财政经济收支情况，论其功过，进行赏罚。上计制度从其产生之时起，就对中式会计及会计报告产生了深远的影响。同国外的会计报告制度相比，中国古代的上计制度在很多方面都居于当时世界的领先地位。

在会计报告期限方面，早在西周时就有严格的规定。据《周礼·天官冢宰》：“岁终，则令群吏正岁会，月终，则令正月要，旬终，则令正日成，而以考其治”。岁会、月要、日成相当于今天年报、月报、旬报。会计报告的作用是“考其治”。“月终则会其稍事(月俸)，岁终则会其行事(业绩)”(周礼·天官·宫正)说明考核内容。西周还规定了三年“大计”制度。“及三年则大比。大比，则受邦国之比要”(《周礼·地官·小司徒》)，比要，就是送请校计的户口财物报告。三年大比，小司徒接受天下邦国报送的比要，对会计报告要审核，不仅司会要参互考核，外部审计系统的宰夫、内史也要“以逆会计”。西周对会计报告期的严格规定，在一定程度上反映了中央王朝对国家的严格控制。

财务报表的报送

西周时上计的仪式是隆重而又严肃的，冢宰要斋戒(吃素)沐浴。西欧中世纪也有类似的做法，会计报表编报人首先应该起誓，他将提交有关主人收入的报告是忠实的，合乎规范的，在他记录的手卷中只记载那些符合主人利益的合法的开支。这表明，在古代，无论中外，报送会计报告都是很严肃的事。

其实，现代企业的会计报告也是一件严肃的事，现代企业会计报表必须由企业领导、总会计师、会计主管人员和制表人员签名盖章后才能报出。单位负责人对会计报表的合法性、真实性负法律责任。

应向哪些单位报送会计报表，这与各单位的隶属关系、经济管理和经济监督的需要有关。国有企业一般要向上级主管部门、开户银行、财政、税务和审计机关报送会计报表。同时应向投资者、债权人以及其他与企业有关的报表使用者提供会计报表。股份有限公司还应向证券交易和证券监督管理机构提供会计报表。根据法律和国家有关规定，对会计报表必须进行审计的单位应先委托会计师事务所进行审计，并将注册会计师出具的审计报告，随同财务会计报告按照规定期限报送有关部门。

财务报表的审批

会计报表审核后，要进行批复。年度决算报表除经上级主管部门审核批复外，还应由财政部门审批。企业要认真研究、执行上级主管部门对报表的批复意见，并在账务上做相应处理。

上级主管部门或总公司、财政、税务和金融部门，对各企业报送的会计报表应当认真审核。主要审核会计报表的编制是否符合会计准则和会计制度的有关规定，审查和分析会计报表的指标内容，以便对报送单位的财务活动情况进行监督。在审核过程中，如果发现报表编制有错误或不符合要求，应及时通知原单位进行更正，错误较多的应当重新编报。如果发现有违反法律和财经纪律、弄虚作假的现象，应查明原因，及时纠正，严肃处理。

财务报表的汇总

各级企业主管部门编好汇总会计报表后，应按规定的期限逐级上报，并及时报送同级财政、计划、税务等国家综合部门，以便及时提供国家宏观管理所需的会计信息。

在汇编会计报表时，必须先审核后汇总。汇总会计报表的格式和基层单位会计报表的格式基本相同。编制方法是根据所属单位的会计报表和汇编单位本身的会计报表，经过合并、分析计算、汇总而填列的。

财务报表的家族成员

财务报表是反映企业财务状况、经营成果和现金流量的书面文件，由数字部分和文字部分构成完整的报表体系，包括主要财务报表主表、附表、报表附注与财务情况说明书等。

◎财务报表家族体系

财务报表是财务核算不可缺少的一个组成部分，是对企业财务状况、经营成果和现金流量的高度概括总结。财务报表家族基本体系如图 1-5 所示。

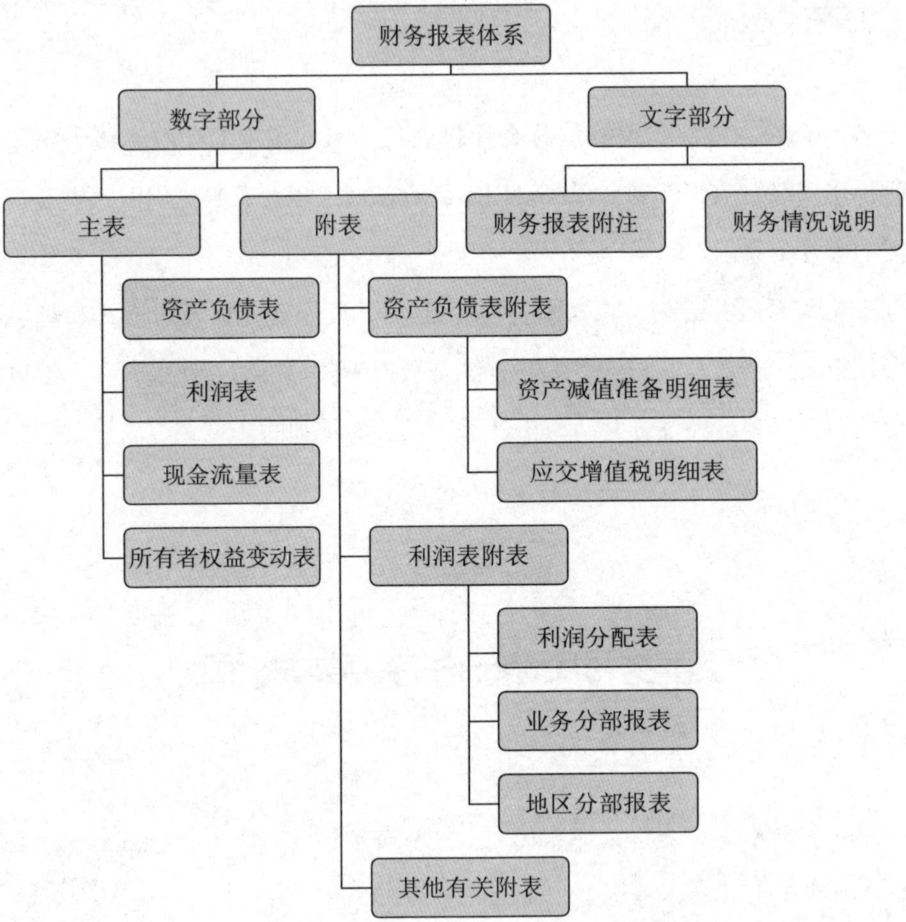

图 1-5　企业财务报表体系

◎数字部分——财务报表

财务报表是财务会计报告体系的核心，一套完整的财务报表由主表和附表组成。

财务报表主表是企业基本的会计报表，由资产负债表、利润表、现金流量表、所有者权益变动表四张报表组成。通过对这四张主表的阅读，可以了解企业的财务状况、经营成果及其现金流量。按照有关法规，所有行业的企业都必须编制这四张主表。

一份完整的财务报表光有四张主表是不行的，就像戏剧舞台上光有主角不行，还必须有跑龙套的配角。财务报表附表就像一出戏中的配角，虽然不十分重要，但少了它还真不行。附表是对主表报告的内容进行补充的报表，主要包括：资产减值准备明细表、应交增值税明细表、利润分配表、分部报表和其他有关附表。

◎文字部分——文字报告

财务报表中的内容具有一定的固定性和规定性，因此使其所提供的会计信息量受到限制。为了满足会计信息使用者决策的要求，企业除了编制主表及其相关附表外，还要编制文字报告内容，即财务报表的附注和财务情况说明书，以便充分披露企业的会计信息。

财务报表附注是会计报表体系的重要组成部分，其作用是对财务报表数字不能包含或不能披露的内容做进一步的解释和说明。目的是提高会计信息的可比性，增进会计信息的可理解性，并促使会计信息充分披露，从而便于会计报表使用者能全面、正确地理解会计报表。财务报表附注通常随年度财务报表一起编制，至少应当包括以下内容，如图 1-6 所示。

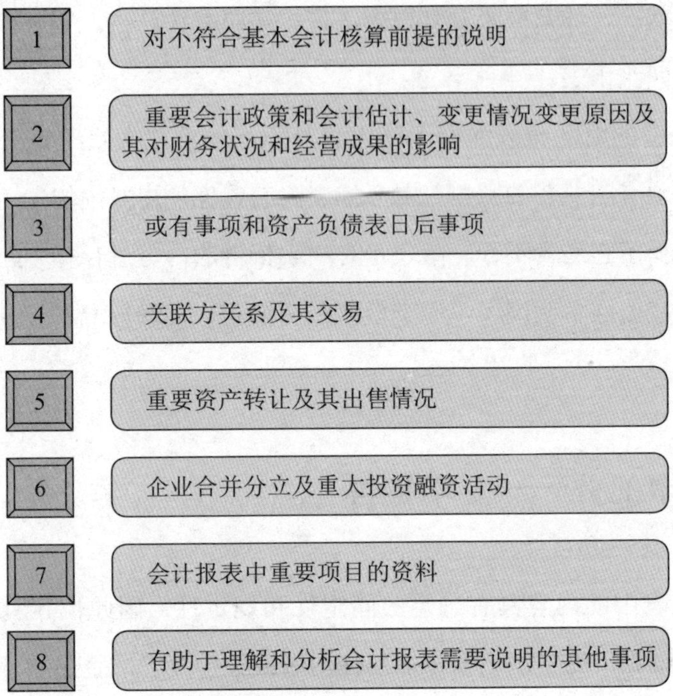

图 1-6　财务报表附注主要内容

财务情况说明书是对财务报表总体内容所做的文字说明，也是对本企业财务状况、经营成果和现金流量的分析评价。财务情况说明书应至少对企业在报告期内以下情况做出说明，如图 1-7 所示。

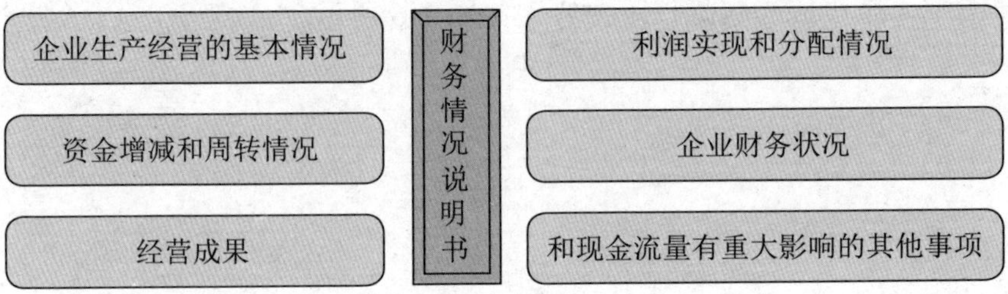

图 1-7　财务情况说明书的主要内容

财务报表编制前的准备工作

在对会计信息质量的要求中，财务报表信息的可靠性最为重要，它是报表的生命与灵魂。为此，在编制财务报表之前，必须做好编表前的准备工作。

◎准备之一：结账

我们知道，财务报表编制的主要依据是账簿记录。为了保证及时得到编制财务报表所需资料，要求在一个会计期间终了时，对该期内的账簿记录进行小结，结计出本期发生额合计和期末余额。

结账的程序

结账于各会计期末进行，可分为月结、季结和年结。结账程序主要包括以下四个步骤。如图 1-8 所示。

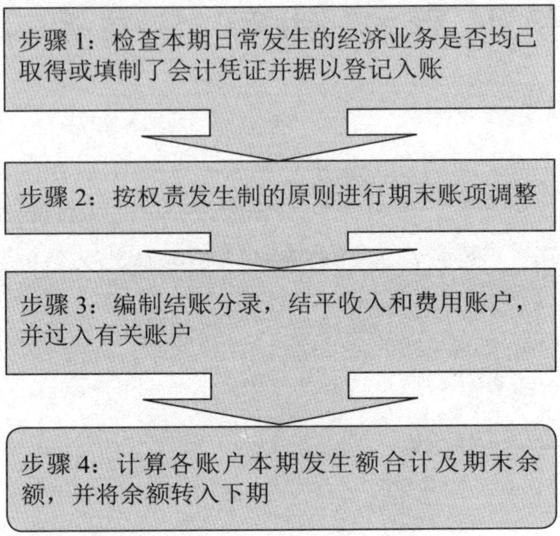

图 1-8 结账程序图

（1）在进行步骤 1 时若发现漏账、错账，应及时补记、更正。既不能提前结账，也不能将本期发生的经济业务推迟至下期结账。

（2）进行期末账项调整时，为了真实反映各会计期间的收入和费用，就需要根据权责发生制调整那些收支期与归属期不一致的收入和费用。只有将企业发生的收入和费用按照会计期间正确划分归属期后，才能真实反映企业的财务状况和经营成果。例如，属于本期的预付费用应该摊销计入本期费用，属于本期的预收收入和应收收入应予以确认，计入本期收入等。

（3）进行步骤 3 编制结账分录时，各会计期末要分配结转有关成本费用，按照配比原则对有关费用进行分配，如期末将“制造费用”账户分配计入“生产成本”账户，并将各损益类账户转入“本年利润”账户，结平所有损益类科目，以便在账簿上重新记录下一个会计期间的业务。

（4）进行步骤 4 时要在本期全部经济业务已登记入账的基础上，分别计算出库存现金日记账与银行存款日记账、各总分类账和明细分类账的本期发生额和期末余额，并通过试算平衡核对相符，将期末余额结转下期。

结账的方法

会计人员应按照规定，对现金、银行存款日记账按日结账，对其他账户按月、季、年结账。

（1）按年进行的年结

所谓年结即指年度终了进行的结算工作。年度结账时，要将各个账户结清，并将各账户余额结转到下年度新开的账户中去。办理年结时，首先在12月份或者第四季度季的结算下面画一条通栏红线，表示年度终了，然后在红线下面结算出全年12个月份的月结发生额。也就是说要计算填列全年12个月的月结数字的合计数，并在“摘要”栏内注明“年度发生额及余额”或“本年合计”；然后在下一行“摘要”栏内注明“结转下年”字样，并以与期末余额相反的方向，以同一数额记入“借方”或“贷方”金额栏内，即借方期末余额记入“贷方”金额栏，贷方期末余额记入“借方”金额栏，并因此将各个账户的余额结清。为了表示本年度账簿记录的结束，最后还要在结清的余额下面画两条平行红线。

（2）按季进行的季结

年结是对一年的账簿记录的总结，为了年结的方便，一般企业还会进行季结，也就是说企业在季末时办理的季结。办理季结应在各账户季度最后一个月的月结下面（需按月结出累计发生额的，应在“本季累计”下面）画一条通栏红线，表示本季结束。然后，在红线下面结算出本季发生额和季末余额，并在“摘要”栏内注明“第×季度发生额及余额”或“本季合计”字样。最后，为了表示季结工作的完成，会计人员还要再在对应“摘要”栏下面画一条通栏红线。

（3）按月进行的月结

按月进行的月结是指在月末进行的结算工作。会计人员在进行办理月结时，应在各账户本月份账户记录的最末一行下面画一条通栏红线，在红线下的“摘要”栏内注明“本月发生额及余额”字样，并将本月借方和贷方发生额合计数加计其中，根据各类账户期末余额公式计算出余额，填入余额栏。在“借/贷”栏内，注明余额的性质（如果期末无余额，在“余额”栏内写上“平”或“0”符号）。最后，为了表明本月账簿记录的结束，还要在余额下面再画一条通栏红线。

注意

结账的注意事项

为保证财务报表信息的真实可靠、数字准确，在结账前还应注意两点：一是必须将本期所发生的经济业务全部登记入账，不得多记，也不能少记，更不能为 赶编报表而提前结账等；二是必须将本期所有的转账业务编制记账凭证，并过入 有关账户。

◎准备之二：对账

为保证账簿记录的准确、可靠，从而保证财务报表的正确性，还须对账。所谓对账，即核对账目，它包括账证核对、账账核对和账实核对三方面内容。

账证核对

在每月终时，要对账簿记录和会计凭证进行核对，以发现错误之处，并进行更正，这也是保证账账、账实相符的基础。核对账证是否相符，主要内容包括账簿记录经济业务的时间、凭证字号、内容、记账方向及金额、附单据张数等。核对账证是否相符的主要方法如图 1-9 所示。

1. 查看总账与记账凭证汇总表是否相符
2. 查看记账凭证汇总表与记账凭证是否相符
3. 查看明细账与记账凭证、所涉及的支票号码及其他结算票据种类等是否相符

图 1-9　账证核对方法

账账核对

是指各种账簿之间的核对相符，主要包括本单位各种账簿之间的有关指标应该核对相符，本单位同其他单位的往来账项应该核对相符。具体方法如图 1-10 所示。

1. 核对总分类账各账户借方期末余额合计数与贷方期末余额合计数是否相等
2. 核对借方本期发生额合计数与贷方本期发生额合计数是否相等
3. 总分类账各账户的期末余额与所属各明细分类账户的期末余额之和是否相等
4. 总分类账各账户的本期发生额与所属各明细分类账户的本期发生额之和是否相等
5. 核对总分类账中“现金”和“银行存款”账户的期末余额与相对应的日记账的期末余额是否相等
6. 核对会计部门财产物资明细账期末余额与财产物资保管使用部门的有关财产物资明细账期末余额是否相等

图 1-10 账实核对方法

账实核对

账实核对，是指各种财产物资的账面余额与实际数额相核对。核对方法如图 1-11。

1. 库存现金日记账账面金额与现金实际库存数核对
2. 银行存款日记账账面余额与银行对账单余额核对
3. 应收、应付款项明细账与有关债权、债务人核对
4. 材料物资及固定资产明细账与其实存数的核对

图 1-11 账实核对方法

账实核对一般要结合财产清查进行。

◎准备之三：财产清查

财产清查是在账簿记录基础上，通过实地盘点、核对、查询等方法，以确定各项财产物资、货币资金、往来款项的实际结存数与账存数是否相符的一种方法。它是在编制财务报表之前用以核实账簿记录的真实可靠性，保证账实相符而经常采用的一种手段。

小故事：秦国的“财产清查”

商鞅主张“强国知十三数，竟内仓口之数，壮男壮女之数，老弱之数，

官士之数，以言说取食之数，利民之数，马牛刍槁之数。不知国之十三数，地虽利、民虽众、国愈弱至削”(《商君书·去强篇》)。商鞅变法，必将实践自己的主张，“十三数”必然成为“上计”的重要内容。1975 年，湖北云梦县睡虎地 11 号秦墓出土的竹简，记载了当时有关上计制度的具体规定。据考证，战国的上计制度已不限于中央财计部门，而在全国各个部门中都已普遍运用。

秦国上计制度的另一特点，就是对会计期间作出了严格的规定。“稻后禾熟，计稻后年”。如果稻在谷子之后成熟，应把稻计算在下一年的账上。因为秦以十月为岁首，晚稻的成熟和收获在九、十月间，因而统一规定禾后成熟的晚稻，都算在次年的账上。又规定，“官相输者，以书告其出计之年，受者以人计之。八月、九月其有输，计输所远近，不能逮其输所之计，移计其后年，计毋相谬。工献输官者，皆深以其年计之”山。官府输送物品，应以文书通知其出账的年份，接受者同年入账。如在八九月输送，(由于时届年终)要估计所运处所的远近，不能赶上运人处所(年终)结账的改计入下一年账内，双方账目不要矛盾。工匠向官府上缴产品，都应固定按其生产年度计账。古时交通不便，物品运输，途中时间较长。为了确保“计毋相谬”，以法律作出这样精密的规定，不能不令人惊叹。秦国从全国出发，制定“以其年计之”的法律，从多方面作出规定，实行会计年度原则。它对于保证会计报告的质量有着重大的意义。

财产清查的分类

财产清查可按下列不同标准进行分类。如图 1-12 所示。

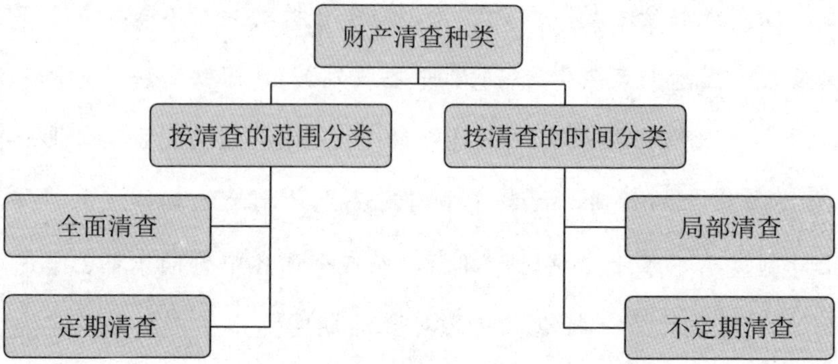

图 1-12 财产清查的种类

1．全面清查

全面清查是指对单位或组织的所有财产物资进行的盘点和核对。全面清查的内容繁多。其清查内容主要包括以下几个方面，如图 1-13 所示。

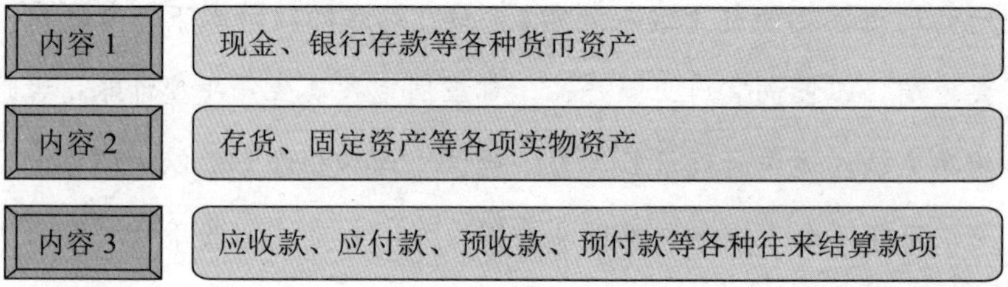

图 1-13 全面清查的内容

单位或组织在编制年度财务会计报告前，应当全面清查财产、核实债务。各单位或组织应当定期将会计账簿记录与实物、款项及有关资料相互核对，保证会计账簿记录与实物及款项的实有数额相符。

2．局部清查

局部清查是指根据需要只对部分财产进行的盘点和核对。其清查的对象主要是流动性较大的财产，如现金、材料、在产品及产成品等。

局部清查范围较小，内容较少，涉及的人手较少，但专业性较强。如对于库存现金，每日由出纳员清点核对一次。对于银行存款要按银行对账单每月至少核对一次。对于流动性较大的实物资产，如原材料、产成品（商品）等，除了年度全面清查外，还应根据需要进行重点抽查和轮流盘点。对于各种贵重物资每月至少盘点一次。

3. 定期清查

定期清查是指根据管理制度的规定和预先计划安排的时间对财产所进行的清查。这种清查的对象不确定，可以是全面清查，如年终决算前的清查，也可以是局部清查，如月末、季末对货币资金和贵重物资等进行的清查。其清查的目的在于保证财务会计资料的真实准确，一般是在年末、季末或月末结账时进行。

4. 不定期清查

不定期清查是根据需要所进行的临时性的清查，也称临时清查。不定期清查可以是全面清查，也可以是局部清查。一般是在出纳人员和实物的保管人员发生变动的情况下；单位发生撤销、合并；发生自然灾害和意外损失；发生贪污盗窃、营私舞弊等情况时所进行的清查。其目的在于查明情况，分清责任。

财产清查的程序

财产清查是一项非常复杂细致的工作，它不仅是会计部门的一项重要任务，而且是各个财产物资经营部门的一项重要职责。为了妥善地做好财产清查工作，使它发挥应有的积极作用，必须在清查前，特别是全面清查以前，协调各方面力量，共同做好财产清查工作。

1. 组织准备

组织准备内容如图 1-14 所示。

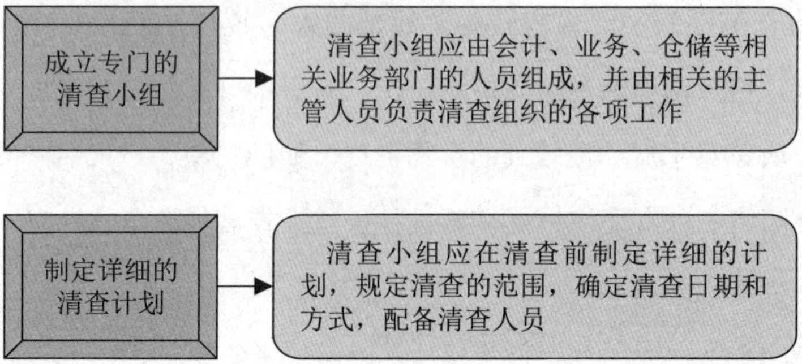

图 1-14 组织准备内容

2．业务准备

（1）会计部门应在财产清查之前将截至清查日止的全部经济业务登记入账，结算出总账和明细账的余额，并相互核对，做到账证相符和账账相符，为账实核对提供正确的账簿资料。

（2）财产物资的保管使用等相关业务部门，应登记好所经管的全部财产物资明细账，并结出余额。将准备清查的各种财产分类整理清楚，排列整齐，并分别悬挂标签，详细标明实物的编号、名称、规格、结存数量等，以便盘点核对。

（3）准备好各种计量器具和印制清查登记用的清单、表册等。

3．实施清查

在完成以上各项准备工作以后，就应该由清查人员依据清查对象的特点，预先确定的清查目的，采用合适的清查方法，实施财产清查、盘点工作。

4．清查报告、总结

完成财产清查任务后，要将盘点清查资料整理好，由相关人员签名，将清查结果以文字形式报告给相关部门、领导，对清查中发现的问题、差异要切实寻找原因，落实责任人，并对财产物资的管理提出可行性建议。

编制财务报表遵守的规则

为了让使用者能正确及时地了解企业的财务状况、经营成果和现金流量，编制会计报表应当遵循一定的原则和要求。

◎财务报表编制的必要性

在企业日常会计核算中，针对发生的各项经济业务，会计人员的操作流程为：首先，按照有关规定，由经办人填制或取得原始凭证，再以此为基础填制记账凭证；其次，为保证会计信息得以全面、连续、系统地记录，需要将凭证上的相关信息登记到账簿上，以达到对会计资料集中、归类、整理的作用，便于管理；最后，对会计账簿资料进行加工整理，编制财务报表。

虽然账簿能够提供丰富的会计信息，但由于账簿自身的特点所决定，它只是分别从不同角度说明经济业务中各个会计要素发生变化及其结果的具体情况，不能将分散的会计信息集中而有机地联系起来，总括地提供给有关会计信息使用者，因此就产生了编制财务报表的必要性。

◎财务报表的编制原则

会计报表是建立在会计核算基础之上的，为了加深对会计报表的理解和分析，应首先了解会计的一些基础内容。

财务报表的编制，包括编制依据、编制要求、提供对象、提供期限等，是会计核算工作的重要环节。财务报表编制原则性的规定如图 1-15 所示。

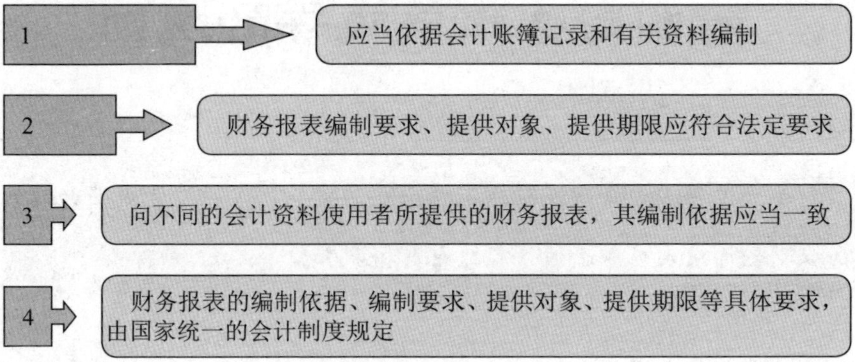

图 1-15 财务报表编制原则

如图 1-15 所示中，第三条原则是修订后的《会计法》针对实际工作中为了达到非法目的而编制多套财务会计报告而做出的强制性规定。

◎财务报表的编制要求

财务报表编制还应符合以下基本要求。如图 1-16 所示。

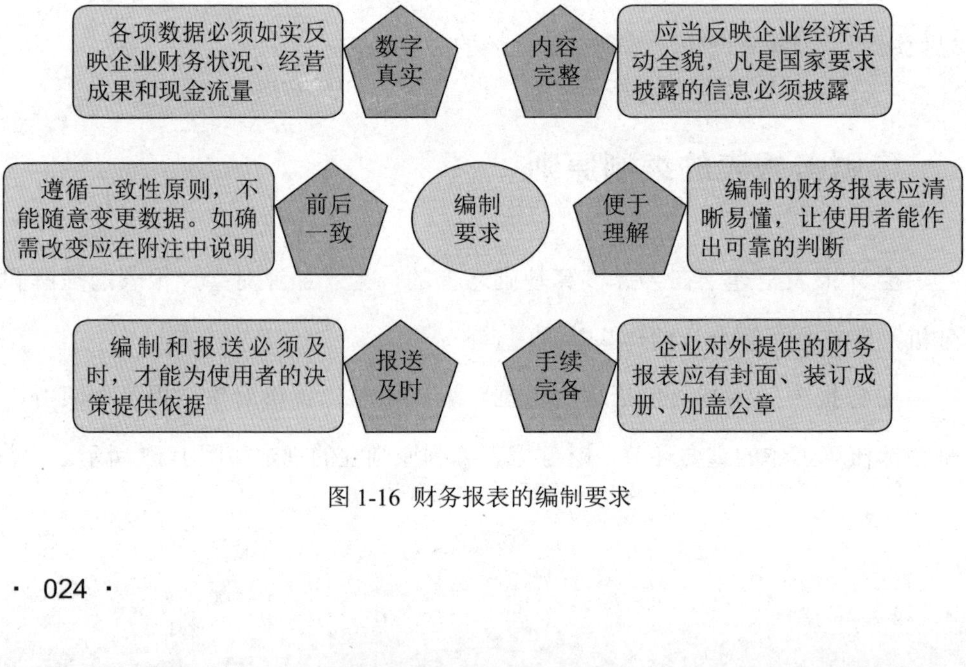

图 1-16 财务报表的编制要求

对外报送的财务报表封面上应当注明：企业名称、企业统一代码、组织形式、地址、报表所属年度或者月份、报出日期，并由企业负责人和主管会计工作的负责人、会计机构负责人（会计主管人员）签名并盖章；设置总会计师的企业，还应当由总会计师签名并盖章。

◎财务报表列报的要求

财务报表是指对企业财务状况、经营成果和现金流量的结构性描述，是反映企业某一特定日期财务状况和某一会计期间经营成果、现金流量的书面文件。财务报表列报是指在财务报表中的列示和在财务报表附注中的披露。

要求之一：持续经营

企业以持续经营为基础编制财务报表。应当以持续经营为基础，根据实际发生的交易和事项，进行确认和计量，在此基础上编制财务报表。企业不应以附注披露代替确认和计量。注意区分列报基础和记账基础。企业的记账基础为权责发生制，列报基础是持续经营。如果一个企业不能持续经营，那么应按破产清算的思路处理，此时要用清算时的价值来代替以历史成本为主的计量属性的选择。

要求之二：列报的一致性

财务报表项目的列报应当在各个会计期间保持一致，不得随意变更。在以下规定的特殊情况下，财务报表项目的列报是可以改变的：

（1）会计准则要求改变；

（2）企业经营业务的性质发生重大变化后，变更财务报表项目的列表能够提供更可靠、更相关的会计信息。

要求之三：比较信息的列报

企业在列报当期财务报表时，至少应当提供所有列报项目上——可比会计期间的比较数据，以及与理解当期财务报表相关的说明，目的是向报表使用者提供对比数据，提高信息在会计期间的可比性，以反映企业财务状况、经营成果和现金流量的发展趋势，提高报表使用者的判断与决策能力。

我国的报表是比较报表，即至少提供两期的数据。比如，资产负债表有年初余额和期末余额，利润表、现金流量表、所有者权益变动表都有本年数和上年数，这就是比较报表。我们把提供两期或两期以上的报表信息称为比较报表。

企业应当根据实际发生的交易和事项，遵循各项具体会计准则的规定进行确认和计量，在此基础上编制财务报表。如果由于某种原因没有遵循准则的要求，应在附注中说明。

要求之四：项目列报

对具有重要性，且性质或功能不同的项目，应当在财务报表中单独列示；对所属类别具有重要。项目单独列报的原则不仅适用于报表，还适用于附注。企业会计准则规定单独列报的项目，企业都应当予以单独列报。重要性是判断项目是否单独列报的重要标准。重要性应当根据企业所处环境，从项目的性质和金额大小两方面予以判断。

性质或功能类似的项目，一般可以合并列报，但是对其具有重要性的类别，应当按其类别在财务报表中单独列报。比如，库存现金、银行存款、其他货币资金合并作为货币资金列报；原材料、在产品、库存商品的性质类似，合并作为存货项目列报；但是存货与固定资产项目不能合并列报。

财务报表分析

财务报表分析，是一种以财务报表为分析对象的管理活动。其主要以财务报表的数据为分析对象，通过数据间的对比，对企业的财务状况进行分析，对企业的经营成果进行判断和评价，同时，对企业未来的财务变动进行趋势分析和预测。

◎为什么要看懂财务报表

无论什么样的企业，其经营管理状况都可以通过报表反映出来。就像一个人的内心活动，可以通过他的眼神、面部表情、肢体语言表现出来一样，时间长了，甚至可以影响到面相。下面让我们通过一个小故事来更形象地了解其间的内在关系。

小故事：相由心生，改变命运由心开始

有一个人一段时间内很倒霉，做什么事情都不顺。于是，他就不停地找人给他看相，但结果总是令人失望。他就想不明白，自己的面相、手纹怎么长

得这么差。有一天，他遇到一位很厉害的算命师傅，他央求师傅给他算一算。

那位师傅看了看他说："你是一个失业的人。"那个人莫名惊诧，连连追问，"你是如何知道我是失业之人的？"

那位师傅避而不答，反倒叫那个人把手伸出来，仔细地看了看后问："知道哪条是生命线，哪条是事业线，哪条是感情线吗？"

那个人回答道："知道。"

师傅反问道："生命、事业、感情对你来说是不是很重要？"

那个人毫不迟疑地说："是的。"

师傅又问："那么这些线都长在哪里呢？"

那个人不耐烦地说："当然长在我的手上了。"

师傅又问："知道你的面相、手纹为什么会长成现在这个样子吗？"

那个人回答道："不知道！"

师傅语重心长地说："你一脸浮躁、暴烈，形象散漫，这不是一个事业得意之人的面相。小伙子，相由心生，面相和手纹是你内心想法的一种体现，是你的心让它变成了这个样子。所以，想改变命运，先从改变你的心开始。"

很多做管理的人，就像这个看自己面相、手纹长得很差的人一样，最容易犯的错误是：看问题只停留在表面，看不见问题背后深层次的原因。

企业的三张报表，就像我们手掌上的三条主要纹路，纹路本身没有问题，产生纹路的原因才是关键。财务报表分析最常使用的工具是财务指标，其实，指标本身没有问题，指标所反映的管理状况才有问题。

因此，看企业报表，就要像看相一样，不要仅停留在看数据上，而是要透过数据看企业的经营管理状况。报表上的数据都是以业务活动为支撑的，我们要通过数据来分析哪个环节的工作没有做好，哪个环节的工作存在漏洞。

每天的报表、每月的报表，其实都记录了企业和管理者曾经走过的路。

管理者应时时回头去分析这些过程，借鉴成功的经验，吸取失败的教训，让企业越走越好。

财务报表分析的内容

尽管不同利益相关者进行财务报表分析有着各自的侧重点，但就企业总体来看，财务报表分析的内容可归纳为四个方面：偿债能力分析、营运能力分析、盈利能力分析和发展能力分析。如图 1-17 所示。

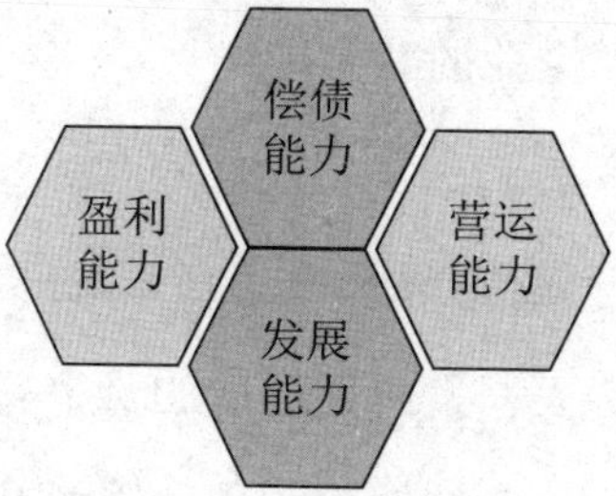

图 1-17 财务报表分析的内容

1．偿债能力分析

偿债能力是指企业用其资产偿还长期债务与短期债务的能力。由于短期债务是企业日常经营活动中弥补营运资金不足的一个重要来源，通过分析有助于判断企业短期资金的营运能力以及营运资金的周转状况；长期负债是企业资本化资金的重要组成部分，也是企业的重要融资途径，通过对长期偿债能力的分析，不仅可以判断企业的经营状况，还可以促使企业提高融通资金的能力。而从债权人的角度看，通过偿债能力分析，有助于了解其贷款的安全性，以保证其债务本息能够及时、足额地得以偿还。

2．营运能力分析

营运能力分析主要是对企业所运用的资产进行全面分析，分析企业各项资产的使用效果、资金周转的快慢以及挖掘资金的潜力，努力提高资金的使用效果。

3．盈利能力分析

企业盈利能力是指企业获取利润的能力。企业盈利能力越强，获取的利润就越多，则所有者的投资收益水平、债权人的债权保障程度、国家的税收以及经营者和职工的收入也相应增加。因此企业的赢利能力分析是各种利益主体都很关心的问题，也是财务报表分析中最为重要的内容。企业赢利能力分析主要把企业资产、负债、所有者权益与经营成果相结合来分析企业的各项报酬率指标，从而从不同角度判断企业的获利能力。

4．发展能力分析

企业的发展能力也称企业的成长性，它是企业在生存的基础上，通过自身的生产经营活动，不断扩大积累内部形成的资金并投资发展的能力。企业内部的发展资金，主要来源于企业的销售收入和降低开支而节约的资金。企业发展能力分析主要是考察其经营规模、资本增值和赢利能力等指标的持续增长情况。

财务报表分析的作用

财务报表分析，在会计核算中是比较重要的，对企业的经营和管理也有很大作用。就因为有用，所以人们才会积极对财务报表分析的方法和指标进行不断的进化和完善。

财务报表分析的作用，主要体现在促使企业经济效益提高方面。对于企业来说，提高经济效益就是最大的经营目标，凡是能够达成这一目标或促进其实现的事情，企业都愿意花费时间、金钱、人力去做。

不过，财务报表分析，并不能直接带来经济效益，财务分析的价值在于通过分析，可以更好地推动企业管理过程的自检和反省，及时掌握经营状况，不断总结经验教训，对管理环节进行实时完善，对经营策略进行有效修正，从而最终得到更高的经济效益。

当然财务报表分析还有一些其他作用，如图 1-18 所示。

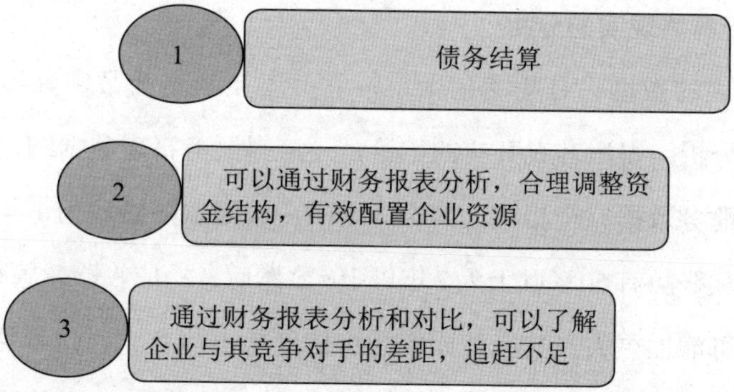

图 1-18　财务报表分析的其他作用

财务报表分析应注意的问题

1. 财务报表数据的准确性、真实性与可靠性

财务报表是按会计准则编制的，它们合乎规范，但不一定反映该公司的客观实际。例如，第一，报表数据未按通货膨胀或物价水平调整；第二，非流动资产的余额是按历史成本减折旧或摊销计算的，不代表现行成本或变现价值；第三，有许多项目，如科研开发支出和广告支出，从理论上看是资本支出，但发生时已列作了当期费用；第四，有些项目是估计的，如无形资产摊销和开办费摊销，但这种估计未必正确；第五，发生了非常的或偶然的事项，如财产盘盈或坏账损失，可能歪曲本期的净收益，使其不反映盈利的正常水平。

2. 根据不断变化的经济环境和经营条件进行适当的调整

公司的经济环境和经营条件发生变化后，原有的财务数据与新情况下的财务数据就不再具有直接可比性，因为财务数据反映的基础发生了变化。比如某公司由批发销售为主转为以零售为主的经营方式，其应收账款数额会大幅下降，应收账款周转率加快，但这并不意味着公司应收账款的管理发生了突破性的变化。如果忽略经济环境和经营条件的变化，就会得出错误的判断。

3．进行具体现实的分析

财务报表的数据只是粗略的数字，它并不反映这些数字具体的细分，要想真正细致分析，得出客观真实的结论，还应对财务报表数据细化分析。比如两个公司的财务数据完全相同，其中一个的应收账款账龄均为1年以内；另一个的应收账款账龄有50%以上为2年以上，显然后者的应收账款管理水平较差，发生坏账的可能性更大，其流动比率的可信度低于前者。因此，要准确地把握公司财务状况，还要透过现象看到本质，对报表数据背后反映的情况进行具体现实的分析。

◎哪些人需要懂财务报表

如今社会早已逐渐步入商业社会，经济与每个人都变得密不可分，那些认为只有大老板或者财务工作者才需看财务报表的观点已经过时了。其实我们每个人都需要能看懂财务报表。因为看懂财务报表不但可以让我们了解你所在公司的发展前景，而且可以为我们提供获取财富的机会。

企业的股东

股东要不要对企业的财务报表进行分析？答案是肯定的，因为有些股东在投资以后不一定参与经营，但他们又不能对企业不闻不问，所以就需要通过分析企业财务报表，了解企业的具体经营状况，看看这个企业的营利性怎么样，成长性怎么样，营运能力怎么样。在了解这些的基础上，再进行投资。

一般来说，股东最关注的是企业的利润表，也就是他的钱能生出多少钱来，这就好比我们买股票，从一定期间来看，我们希望自己买的那只股票天天能涨停，至于大盘，如果我们买的股票和大盘的涨跌没有太多关系，我们甚至不在乎大盘是 3000 点还是 5000 点。投资者也一样，只要利润高就好。

企业债权人

债权人肯定也要看懂财务报表，毕竟如果要借钱给一家公司，就要关心这家公司的偿债能力、营运能力、赢利能力、发展能力、创新能力，因为这些直接关系到自己的投资是否能如期归还的问题。而要想得到以上问题的答案，只需要把这家公司的财务报表拿来分析分析就可以获知答案。

对于债权人来说，他们重视的是企业的现金流量表，因为只有足够多的现金，才能归还他们的欠款。

企业内部经营决策者

财务报表出来了，企业内部经营决策者应当查看企业过去的财务状况怎么样：看看过去哪里做得不错，哪个地方有问题，哪里的费用太多了，哪里的费用跟预算的差距很大等。这些信息可以为企业下一步的决策提供依据。

对于企业内部经营决策者来说，他们重视的是企业的绩效，对利润表和现金流量表都很关注。这两类财务报表的财务指标可以反映投资者的回报率高不高、资金周转得快不快、变现能力强不强，还可以反映企业的赢利能力、偿债能力、营运能力、成长能力的好坏。只有利润丰厚，才能让投资者、债权人、企业员工和管理者均受益。

企业供应商和客户

对供应商来讲，货物发出去能不能收回账款，会不会有坏账，那就得看购货方账上有没有钱。因此，他们更多关注的是资产负债表，只有企业资产运转良好，才能意味着长期的合作。

作为客户，企业关心的又是什么呢？自然是供应商的产品的质量、价格等。现在是一个供应链管理的时代，企业选两家供应商建立稳定长期的合作关系就可以了，不需要那么多家供应商来竞价，供应商太多了，管理起来成本会很高。因此对于企业来说，供应商的选择很重要，选好了，既能降低成本，又能保证供应，一举两得。这就需要企业来分析供应商的财务报表，看看能不能选它。当然，选择供应商还要考虑其规模、距离远近、供货的质量等。

政府部门工作人员

要保证市场经济沿着正确的轨道健康发展，政府部门在宏观上必须了解企业的经营行为、经营成果，借以引导企业的发展，适度地对企业进行间接调控。

为了满足国家对企业实行间接调控的信息需要，国家政府相关部门工作人员也必须学会看懂企业的财务报表，因为这些财务报表可提供干预或管制所依据的信息。

企业内部员工

懂得财务报表，作为企业内部员工就能够分析出所就职公司的发展前景是否良好，公司过去的盈余是否能够支撑公司度过眼前的经济危机，公司最近会不会有减薪裁员的可能性，公司是否濒临破产或倒闭，今年自己有没有加薪的可能性，年终奖金能否达到自己期望的额度，从而自己做出正确的判断和选择。

作为企业内部员工，可能重视的是企业的经营现状，期望在企业经营好的情况下，得到更多薪水，所以他们多关注利润表。

虽然不同的人站在不同的角度对某个企业会有不同的评价，但是这些评价大都是通过财务报表来进行的。所以，不管我们是股东、债权人、管理者，还是其他相关人士，都需要读懂财务报表。

财务报表分析需遵循的规则

财务分析的最基本功能是将大量的报表数据转换成对特定决策者有用的信息，减少决策的不确定性。在对财务报表进行分析时需遵循的原则、步骤等。

财务报表分析的原则

在对财务报表进行分析时，需要遵循以下四个原则。如图 1-19 所示。

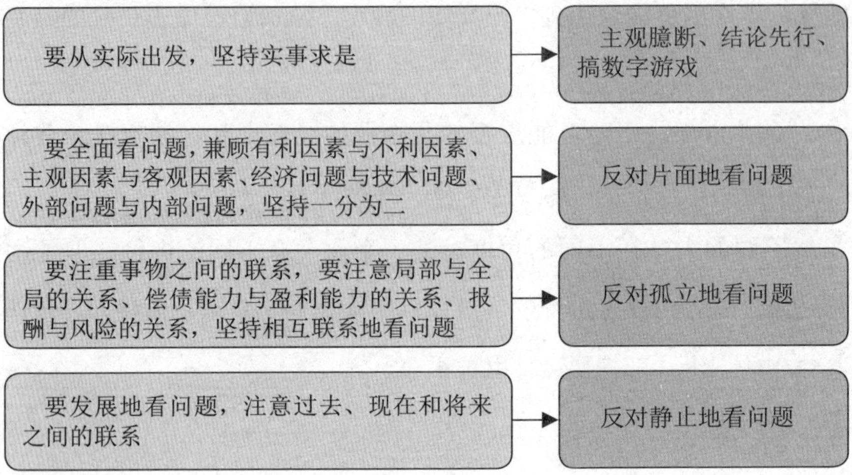

图 1-19　财务报表分析的原则

财务报表分析的步骤

财务报表分析步骤如图 1-20 所示。

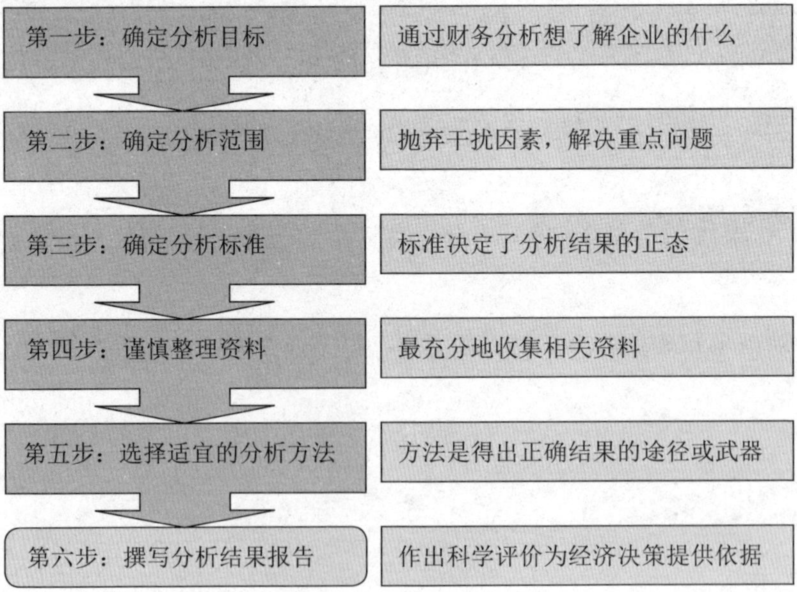

图 1-20 财务报表分析的步骤

财务报表分析的局限性

财务报表分析本身不可避免地存在局限性。报表分析的局限性势必通过分析资料、分析指标、分析方法等诸多方面影响财务报表分析结论的正确性。因此对收集的财务报表等资料应进行必要的整理，应注意其可能出现的偏差与不足。

（1）报表中的某些数据可能是由估计与判断得出，因此应注意分析结果的近似性。

（2）考虑物价波动对报表数据的影响，尤其是历史报表资料的数据受物价水平的影响，因此要结合市价予以适当调整。

（3）报表资料以数字为主，无法表达非货币量表示的有关资料，如企业内部和外部条件以及经营管理水平等情况，它们对企业财务状况往往会产生较大的影响。

（4）会计信息时效性的问题。财务报表数据，一般是企业过去经济活动的结果和总结，对于预测未来的发展趋势，只具有参考价值。

因此，在财务报表分析过程中，掌握财务报表分析的局限性，并根据不同情况对分析数据做出质量解读或必要调整，以使分析结论更加符合客观实际，避免财务报表分析结论信息失真而导致的不必要的决策失误，从而充分有效地反映企业真实的财务状况和经营绩效，为不同使用者做决策提供科学合理的财务报表分析信息资源。

◎财务报表分析的方法

开展财务分析，需要运用一定的方法。财务分析的方法主要有比较法、比率分析法、趋势分析法和因素分析法。

分析方法之一：比较法

比较分析法就是通过对比两期或连续数期会计报表中的某些项目或指标数值的增减变动的方向、数额和幅度，来说明企业财务状况、经营成果和现金流量变化的趋势。比较分析法在会计报表分析中的作用主要表现在：通过比较分析，可以发现差距，找出产生差异的原因，进一步判定企业的财务状况和经营成果；通过比较分析，可以确定企业生产经营活动的收益性和资金投向的安全性。

1．报表比较分析的内容与目的

财务报表比较分析的内容与目的如表 1-1 所示。

表 1-1 财务报表比较分析的内容与目的

比较内容	目的	举例
本期数据与以前时期数据比较	评价企业财务状况和经营成果的变化规律及趋势	前后期的比较还可以进行多期的比较。比如，在我国上市公司的年度财务报告中，要求企业提供最近三年的主要会计数据和财务指标。与上期实际数或历史最好水平比，可以考察其发展变化情况，预测其发展趋势
本企业的数据与同行业其他企业或行业的平均水平、先进水平比较	分析企业的生存能力、竞争能力	企业间的比较分析一般用相对数或平均数，通过相对指标来进行差异分析。 比较相对指标＝$\frac{\text{本企业某一指标的数值}}{\text{同行业同时期同类指标的数值}}$ 差异＝本企业实际水平－同行业平均水平（或先进水平） 通过差异分析可找出企业存在的差距及其原因，采取积极措施消除差异
本期实际数与计划数、预算数比较	分析计划或预算的完成程度	比如，在我国上市公司的年度报告中，就要求企业管理部门在业务报告中分析说明本年度的主要财务数据与计划（预测）数的差异及其原因
期末数与期初数比较	比较研究它们之间的关系，分析这些项目的增减变化与得失	

2．报表比较分析的方式

会计报表比较分析的方式主要有下列四种：

（1）绝对数字比较分析

绝对数字比较分析就是将会计报表中所陈报的绝对数字直接加以比较。下面以 A 公司比较性资产表为例，说明绝对数字比较方法的运用。

【例 1-1】 A 公司 2018 年度与 2019 年度部分项目比较性资产表见表所示。

A 公司比较性资产表（绝对数字比较）

项目	2018 年	2019 年
流动资产		
货币资金（万元）	196843	205031
短期投资（万元）	118775	117756
应收票据（万元）	117701	116199
应收账款（万元）	127883	127632
预付账款（万元）	128134	124546
存货（万元）	233492	241661
其他流动资产（万元）	136313	143290
流动资产合计（万元）	1059141	1076115
长期投资（万元）	114549	111111
固定资产净额（万元）	652952	645064
无形资产及其他（万元）	178331	179670
资产总额（万元）	2004973	2011960

（2）绝对数字增减变动比较分析

绝对数字增减变动比较就是在绝对数字比较的基础上，分别算出各个项目在不同年度之间的增减变动数字，以便会计报表的使用者获得更为明确的财务状况与经营成果的增减变动情况。下面以 A 公司比较性资产表为例，说明绝对数字增减变动比较方法的运用。

【例 1-2】A 公司 2018 年度与 2019 年度部分项目比较性资产表见表所示。

A 公司比较性资产表（绝对数字增减变动比较）

项目	2018 年	2019 年	增减金额
流动资产			
货币资金（万元）	196843	205031	8188
短期投资（万元）	118775	117756	-1019
应收票据（万元）	117701	116199	-1502
应收账款（万元）	127883	127632	-251
预付账款（万元）	128134	124546	-3588
存货（万元）	233492	241661	8169
其他流动资产（万元）	136313	143290	6977
流动资产合计（万元）	1059141	1076115	16974
长期投资（万元）	114549	111111	-3438
固定资产净额（万元）	652952	645064	-7888
无形资产及其他（万元）	178331	179670	1339
资产总额（万元）	2004973	2011960	6987

（3）百分比增减变动比较分析

绝对数增减变动比较会计报表，虽然比绝对数比较财务报表能提供更多的财务信息，但增减变动的比较仍然是绝对数，无法消除总量因素的影响。比如某资产负债表项目增加 50 万元，仅仅通过这一数据无法判断被分析企业与分析标准之间是否存在较大差异，若该项目绝对数为 500000 万元，则这一差异便具有重要意义了，需要进行深入细致的分析。百分比增减变动比较是在绝对数字增减变动额的基础上算出增减变动百分比，以便显示不同年度各项目的增减变动幅度，使会计报表的阅读者更加清楚每个项目的具体增减变化程度。其计算公式为：

$$\text{增减变动百分比}=\frac{\text{分析标准项目金额}-\text{分析企业项目金额}}{\text{分析标准项目金额}}\times 100\%$$

百分比增减变动比较分析也是通过比较会计报表的形式进行的。下面以A公司比较性资产表为例，说明百分比增减变动比较分析方法的运用。

【例1-3】A公司2018年度与2019年度部分项目比较性资产表见表所示。

A公司比较性资产表（百分比增减变动比较）

项目	2018年	2019年	增减金额	增减百分比
流动资产				
货币资金（万元）	196843	205031	8188	4.16%
短期投资（万元）	118775	117756	-1019	-0.86%
应收票据（万元）	117701	116199	-1502	-1.28%
应收账款（万元）	127883	127632	-251	-0.20%
预付账款（万元）	128134	124546	-3588	-2.80%
存货（万元）	233492	241661	8169	3.50%
其他流动资产（万元）	136313	143290	6977	5.12%
流动资产合计（万元）	1059141	1076115	16974	1.60%
长期投资（万元）	114549	111111	-3438	-3.00%
固定资产净额（万元）	652952	645064	-7888	-1.21%
无形资产及其他（万元）	178331	179670	1339	0.75%
资产总额（万元）	2004973	2011960	6987	0.35%

（4）比率增减变动比较分析

比率是两个不同时期的绝对数字比较之后算出的，用以说明资产负债表、损益表和现金流量表各项目的整体变化情况及项目数量的发展变动趋势。这种分析也是通过比较性会计报表来进行的。各项目的变动比率计算公式为：

某个项目的增减变动比率＝某个项目比较期数额／基期数额

下面以A公司比较性资产表为例，说明比率增减变动比较分析法的运用。

【例1-4】A公司2018年度与2019年度部分项目比较性资产表见表所示。

A 公司比较性资产表（比率增减变动比较）

项目	2018 年	2019 年	增减金额	增减百分比	增减比率
流动资产					
货币资金（万元）	196843	205031	8188	4.16%	1.04
短期投资（万元）	118775	117756	-1019	-0.86%	0.99
应收票据（万元）	117701	116199	-1502	-1.28%	0.99
应收账款（万元）	127883	127632	-251	-0.20%	1.00
预付账款（万元）	128134	124546	-3588	-2.80%	0.97
存货（万元）	233492	241661	8169	3.50%	1.03
其他流动资产（万元）	136313	143290	6977	5.12%	1.05
流动资产合计（万元）	1059141	1076115	16974	1.60%	1.02
长期投资（万元）	114549	111111	-3438	-3.00%	0.97
固定资产净额（万元）	652952	645064	-7888	-1.21%	0.99
无形资产及其他（万元）	178331	179670	1339	0.75%	1.01
资产总额（万元）	2004973	2011960	6987	0.35%	1.00

使用比较分析法时，要注意对比指标之间的可比性，这是用好比较分析法的必要条件，否则就不能正确地说明问题，甚至得出错误的结论。所谓对比指标之间的可比性是指相互比较的指标，必须在指标内容、计价基础、计算口径、时间长度等方面保持高度的一致性。如果是企业之间进行同类指标比较，还要注意企业之间的可比性。

分析方法之二：比率分析法

比率分析法是指通过计算经济指标的比率，来确定经济活动变动程度的分析方法。比率是相对数，采用这种方法，要把分析对比的数值变成相对数，计算出各种比率指标，然后进行比较，从确定的比率差异中发现问题。比率指标主要有以下三类，如图 1-21 所示。

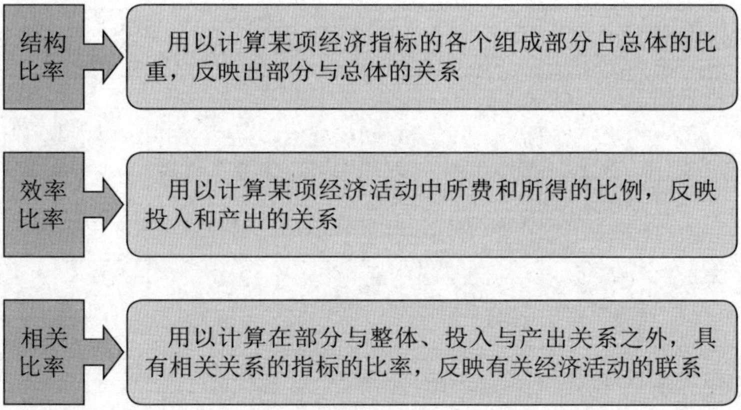

图 1-21 比率分析法的指标类型

比率分析法是利用企业同一时期的会计报表中两个或两个以上指标之间的某种关联关系，计算出一系列财务比率，据以考察、分析和评价企业财务状况和经营业绩的分析方法。

比率是相对数，采用比率分析法，能够把某些条件下的不可比指标变为可比指标，以利于进行分析。比率指标主要有以下三种，如表 1-2 所示。

表 1-2 比率指标一览表

比率指标	指标说明	计算类别票面	考察目的
结构比率	又称为构成比率，用来计算某项财务指标的各个组成部分占总体的比率，反映部分与总体的关系	各资产项目占总资产的比率；各负债项目占总负债的比率；各负债及所有者权益项目占总负债及所有者权益的比率；各项业务或产品利润、收入、费用占总利润、总收入和总费用的比率；单位成本各构成项目占单位产品成本的比率；各存货项目占总存货的比率；利润分配各项目占总的利润分配数额的比率，等等	考察总体中某个部分的形成和安排是否合理，某个部分在总体中的地位、作用，以便协调各项财务活动，突出重点

续表

比率指标	指标说明	计算类别票面	考察目的
效率比率	用来计算某项财务活动中所费与所得的比例，反映投入与产出、耗费与收入关系的比率关系	成本费用与产品销售收入的比率；成本费用与利润的比率；资金占用额与销售收入的比率；资金占用额与利润的比率；资本数额与利润的比率等	对企业进行得失比较，分析考察企业财务成果，评价企业经营状况和经济效益水平
相关比率	用来计算除部分与总体关系、投入与产出关系之外的具有相关关系的指标的比率，以反映有关财务指标间的相互联系	负债总额与资产总额的比率，即资产负债率；流动资产与流动负债的比率，即流动比率；速动资产与流动负债的比率，即速动比率；所有者权益与负债总额的比率等	考察企业有联系的相关指标之间安排是否合理，能否保障生产经营活动的正常运行

在采用比率分析法进行财务分析时，因分析资料的使用者的目标、用途不同而异，有时利用相同计算结果所作出的解释和评价也不一样。企业需要测算哪些比率或者说哪些比率是重要的，均取决于有关方面的不同利益和兴趣。如债权人主要关心企业资产的流动性，特别注意衡量企业流动性的比率。投资者进行财务分析的目的，在于考察企业的获利能力和经营趋势，以便取得理想的投资报酬，他特别注意的则是有关利润指标等。另外需要指出的是不能把比率本身当作目的，计算各项比率是借助它们来说明有关企业的财务活动，以及企业目前的和历史的状况。

比率分析法所测算的各种比率还可以按其作用分为：反映流动状况的比率，如流动比率、资产负债率、应收，账款周转率等；反映权益状况的比率，如债权人权益与资产的比率、资本利润率、普通股本每股账面价值等；反映收益状况和经营成果的比率，如销售利润率、投资周转率、投资利润率等。

分析方法之三：趋势分析法

趋势分析法是指将两期或连续数期财务报告中的相同指标或比率进行对比，求出它们增减变动的方向、数额和幅度的一种方法。趋势分析法的内容如图 1-22 所示。

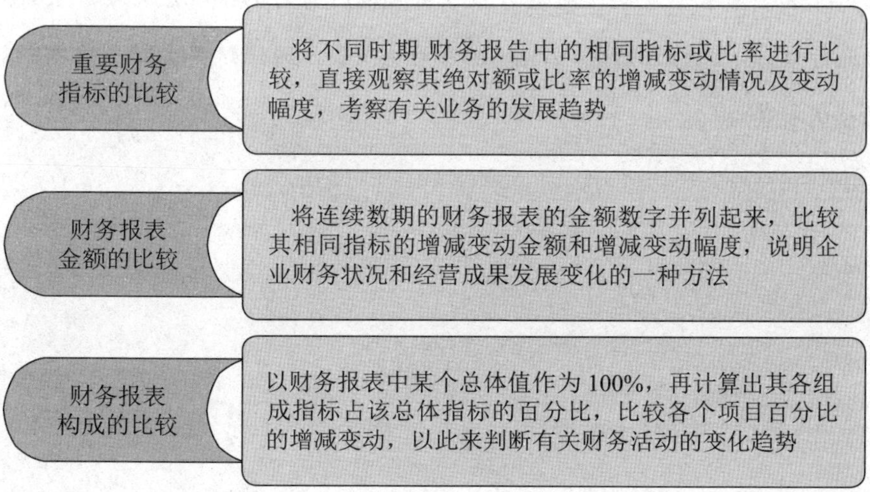

图 1-22 趋势分析法的内容

采用趋势分析法可以揭示企业财务状况和生产经营情况的变化，分析引起变化的主要原因、变动的性质、并预测企业未来的发展前景。

特别提示

企业的会计报表必须由企业领导、总会计师、会计主管人员和制表人员签名盖章后才能报出。单位负责人对会计报表的合法性、真实性负法律责任。

应向哪些单位报送会计报表，这与各单位的隶属关系、经济管理和经济监督的需要有关。

国有企业一般要向上级主管部门、开户银行、财政、税务和审计机关报送会计报表。同时应向投资者、债权人以及其他与企业有关的报表使用者提供会计报表。股份有限公司还应向证券交易和证券监督管理机构提供会计报表。根据法律和国家有关规定，对会计报表必须进行审计的单位应先委托会计师事务所进行审计，并将注册会计师出具的审计报告，随同财务会计报告按照规定期限报送有关部门。

第二章

盘点家底——快速看懂资产负债表

资产负债表是企业的四大报表之一，看懂资产负债表可以让我们了解一个企业的许多财务信息。通过本章的阅读，我们可以了解资产负债表的一些基础知识，知晓资产负债表的编制方法与要求；并能掌握资产负债表的分析目的、内容及资产负债表的分析方法。

学习导读：

◆掌握资产负债表的内容、作用、结构与格式等

◆了解资产负债表的编制方法与要求

◆资产负债表的分析方法

家底要怎么摸

资产负债表是反映企业在某一特定时日（月末、季末或年末等），资产、负债和所有者权益状况的报表，又称为财务状况表。简单地说，资产负债表建立在以下的恒等式关系：资产＝负债＋所有者权益。这个恒等式关系要求企业同时掌握资金的来源（负债及所有者权益）与资金的用途（如何把资金分配在各种资产上）。通俗地说，资产负债表就是企业的一份财产清单。

◎资产负债表的内容

小故事：古代分家产的故事

吴均《续齐谐记》中的“紫荆树”故事如下：京兆田真兄弟三人，共议分财。生赀皆平均，惟堂前一株紫荆树，共议欲破三片，明日就截之。其树即枯死，状如火然。真往见之，大惊，谓诸弟曰：“树本同株，闻将分斫，所以憔悴，是人不如木也。”因悲不自胜，不复解树。树应声荣茂。兄弟相感，合财宝，遂为孝门。真仕至太中大夫。

田真兄弟三人决定分家，商量着分财产。其他财产都均分了，院子里一株枝繁叶茂的紫荆树亦在均分之列，商议好第二天即截之为三。奇异之事突然发生，树随即枯死，犹如大火烧过一般。田真见后忽有所感：同株紫荆不忍分离，同胞兄弟就忍心分家？遂说服兄弟们和睦同居。结果是树荣茂如初，一家被誉为“孝门”，田真仕途发达。不用讲大道理，紫荆树昭示着天意，上天警示、天人感应，加上顺应天意后的美好结局，劝诫不要分家的主旨表达得清楚而有力。

在中国古代，父母离世后家庭成员一般都要对家产进行析分。由于古代的婚姻状况比现代复杂，在嫡庶之分、长幼有别的制度下，家庭成员析分家产实际上并不都是像上文的故事那样平均分配。不过本文主旨并不是要讲怎么平均分配家财，而是要通过分家财的故事来说说资产负债表。

一般而言，要分家，先得知道家里到底有多少钱，也就是要知道家里有哪些房产、良田、山林、店铺、现银和珠宝，有哪些债务。实际上企业经营也是如此，企业股东会成员也必须对自己拥有的企业资产、负债了然于胸，而这就需要编制分析企业资产负债表。

资产负债表的内容

资产负债表包括的主要内容如图 2-1 所示。

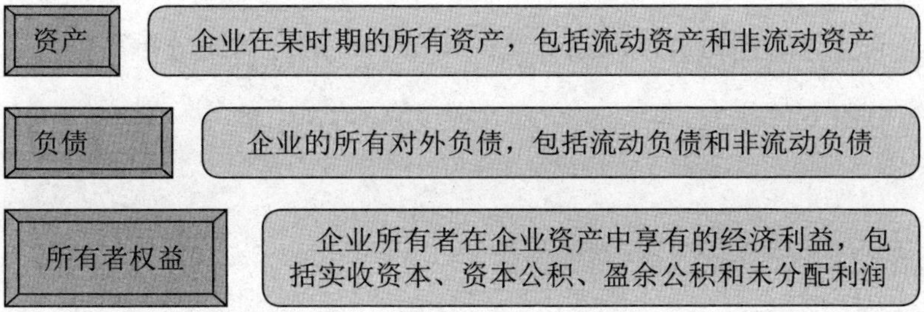

图 2-1　资产负债表内容

◎资产负债表的作用

资产负债表是企业最重要的报表之一，尤其是在分析企业资产质量和资产结构、判断企业财务风险等方面的作用非常明显。从资产负债表中我们可以摸出“家底”情况。

了解企业资源的构成及分布情况

在资产负债表上，使用者可以一目了然地了解企业在某一特定日期所拥有的资产总量及其内容，以此可以分析资源的配置是否节约、合理。企业财务实力主要是就企业的资产规模和资本规模而言的。资产与资本规模较大的企业具备较强的财务实力；反之，财务实力较弱。资产负债表中的资产总额与资本金(股本)总额直观地描述了企业的财务实力。

了解企业负债情况

通过资产负债表可以了解企业有多少负债，分别属于哪类负债，并详细了解企业负担的长期债务和短期债务的数额及偿还时间，表明企业未来需要用多少资产或劳务清偿债务。联系有关的资产项目进行对比分析，可以了解企业的偿债能力和支付能力。

了解所有者权益的构成情况

投资者在企业资产中所占的份额是多少，其构成情况如何。将所有者权益与负债进行对比，可以分析企业的净资产是多少，其构成怎样，了解财务结构的优劣和负债经营的合理程度，分析企业所面临的财务风险。

预测企业未来的发展趋势

使用者通过对前后期资产负债表的对比分析，可以了解企业资金结构的变化情况，预测企业未来的财务发展趋势。资产负债表反映的仅是某一个时点企业的状况，能反映企业一定的现状；若把这些不同时点的资料有机地结合起来，则能对企业有更全面、生动的了解。

◎资产负债表的三大件

资产、负债、所有者权益三大静态会计要素被称为资产负债表的“三大件”，构成了资产负债表的主要结构内容。资产负债表是以“资产＝负债＋所有者权益”的会计恒等式原理为基础编制的，它按照一定的标准和次序，把企业某一时日的资产、负债、所有者权益各要素按流动性进行项目分类。实际上，资产负债表是这一会计等式的展开式，它对企业资产、负债、所有者权益各方面分项列出其各个要素项目（报表项目）。

资产类报表项目

资产类项目按其流动性的大小或按资产变现能力的强弱，分为流动资产和非流动资产两大类，并对其分项列示。

资产满足如图 2-2 所列条件之一的，应当归类为流动资产，流动资产以外的资产归类为非流动资产。

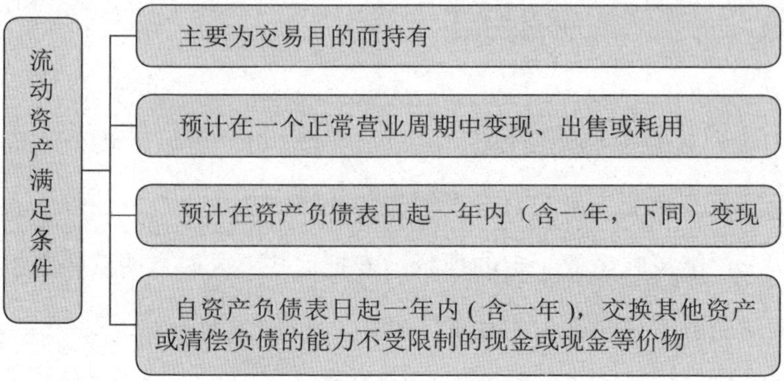

图 2-2　流动资产的满足条件

流动资产的种类很多，在进行会计核算时，会将其归于一些较为固定的统称中，这就是资产负债表中的项目。资产负债表中流动资产项目列表，如表 2-1 所示。

表 2-1 流动资产项目列表

流动资产项目分类		说明
货币形态	货币资金	现金、银行存款、其他货币资金等
非货币形态	交易性金融资产	股票、债券、基金等
	应收票据	承兑汇票等
	应收账款	其他公司的欠款
	预付款项	预付的货物订金等
	应收利息	票据或欠款的利息
	应收股利	股利
	其他应收款	
	存货	库存
	一年内到期的非流动资产	
	其他流动资产	

非流动资产，是一个相对于流动资产而命名的资产类别。非流动资产的种类很多，在进行会计核算时，会将其归入相应的项目中。资产负债表中非流

动资产项目列表，如表 2-2 所示。

表 2-2 非流动资产项目列表

非流动资产项目分类	说明
可供出售金融资产	企业购入的在活跃市场上有报价的股票、债券和基金等
持有至到期投资	长期公司债券等
长期应收款	企业融资租赁产生的应收款项和采用递延方式分期收款、实质上具有融资性质的销售商品和提供劳务等经营活动产生的应收款项
长期股权投资	对其他公司的入股
投资性房地产	赚取租金或资本增值，或两者兼有而持有的房地产
固定资产	企业使用期限超过 1 年的房屋、建筑物、机器、机械、运输工具以及其他与生产、经营有关的设备、器具、工具等
在建工程	正在建设尚未竣工投入使用的建设项目
工程物资	工程物资是指用于固定资产建造的建筑材料（如钢材、水泥、玻璃等）
固定资产清理	进行固定资产清理时的过渡科目
生产性生物资产	比如牛、羊、猪、鸡等
油气资产	石油、天然气等
无形资产	专利权、商标权等
开发支出	开发无形资产过程中能够资本化形成无形资产成本的支出部分
商誉	品牌等
长期待摊费用	已经支出，但摊销期限在 1 年以上（不含 1 年）的各项费用，包括租入固定资产的改良支出以及摊销期在 1 年以上的固定资产大修理支出、股票发行费用等
递延所得税资产	递延到以后缴纳的税款
其他非流动资产	

负债类报表项目

负债类项目按其承担义务期限的长短，分为流动负债和非流动负债。负债满足如图 2-3 所列条件之一的，应当归类为流动负债。流动负债以外的负债归类为非流动负债。

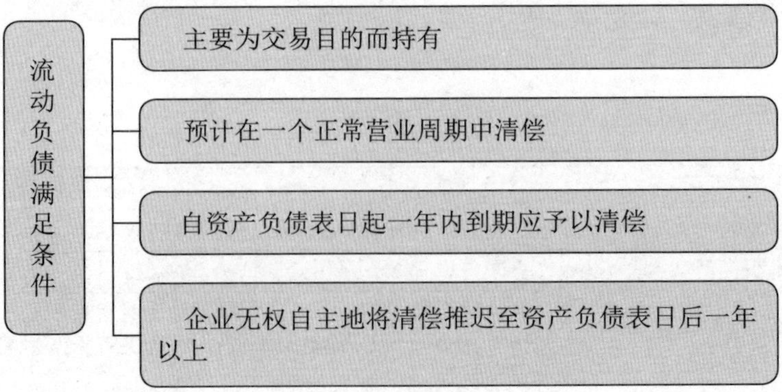

图 2-3 流动负债的满足条件

流动负债中的流动，主要是指其偿还期较短。流动负债其实叫短期负债更形象一些，但是由于短期负债（借款）也是负债项目之一，所以才比照流动资产将此类命名为“流动负债”。资产负债表中流动负债项目列表如表 2-3 所示。

表 2-3 流动负债项目列表

流动负债项目分类	说明
短期借款	借期为一年以内的借款
交易性金融负债	采用短期获利模式进行融资所形成的负债，比如应付短期债券
应付票据	发出的承兑汇票
应付账款	应付的相关款项
预收款项	预收的货物订金等
应付职工薪酬	应付给职工的各种薪酬，包括工资、奖金、津贴和补贴，职工福利费、社会保险费、非货币性福利等
应交税费	应交的税费
应付利息	应支付的相关利息，包括分期付息到期还本的长期借款、企业债券等应支付的利息
应付股利	应支付给投资者的现金股利或利润
其他应付款	除应付账款、应付票据、预收账款、应付职工薪酬、应交税金、应付股利等经营活动以外的其他应付、暂收款项
一年内到期的非流动负债	

非流动负债，一般也称为长期负债，其偿还期一般超过一年，有些甚至长达数十年。资产负债表中非流动负债项目列表如表 2-4 所示。

表 2-4 非流动负债项目列表

非流动负债项目分类	说明
长期借款	借款期在一年以上的借款
应付债券	应付的公司债券
长期应付款	除了长期借款和应付债券以外的其他多种长期应付款，主要有应付补偿贸易引进设备款和应付融资租入固定资产租赁费等
专项应付款	企业接受国家拨入专门用途的拨款
预计负债	根据或有事项等相关准则确认的各项预计负债，包括对外提供担保、未决诉讼、产品质量保证、重组义务以及固定资产和矿区权益弃置义务等产生的预计负债
递延所得税负债	根据所得税准则确认的应纳税暂时性差异产生的所得税负债
其他非流动负债	

所有者权益类报表项目

所有者权益类项目本身不多，可不再分类，只是按其来源的顺序排列，一般按实收资本（股本）、资本公积、盈余公积和未分配利润进行分项列示，具体如表 2-5 所示。在合并资产负债表时，应单独列示少数股东权益。

表 2-5 所有者权益项目列表

所有者权益项目分类	说明
实收资本	投资者投入企业的各种财产
资本公积	投资者或者他人投入到企业、所有权归属于投资者、并且投入金额上超过法定资本部分的资本
盈余公积	按照规定从净利润（税后利润）中提取的各种积累资金
未分配利润	企业未做分配的利润

资产负债表中，资产总计金额与负债、所有者权益的总计金额必须相等。

为了提高资产负债表的利用效率，表中各项目不仅列示期末数，还需列示年初数，相当于两期的资产负债表（亦称为比较资产负债表）。报表使用者根据期末数与年初数的比较，就可以了解企业财务状况变动情况以及企业经营发展趋势。

◎资产负债表的结构与格式

资产负债表利用会计平衡原则，将合乎会计原则的资产、负债、股东权益交易科目分为“资产”和“负债及股东权益”两大区块，在经过分录、转账、分类账、试算、调整等等会计程序后，以特定日期的静态企业情况为基准，浓缩成一张报表。其报表功用除了企业内部除错、经营方向、防止弊端外，也可让所有阅读者于最短时间了解企业经营状况。

资产负债表的基本结构

由于负债和股东的投入，最终形成了企业的资产，所以为了便于核查账目，资产负债表需要满足以下等式：

资产 = 负债 + 所有者权益

资产负债表的整个结构完全符合上述等式。资产负债表的基本结构，如图 2-4 所示。

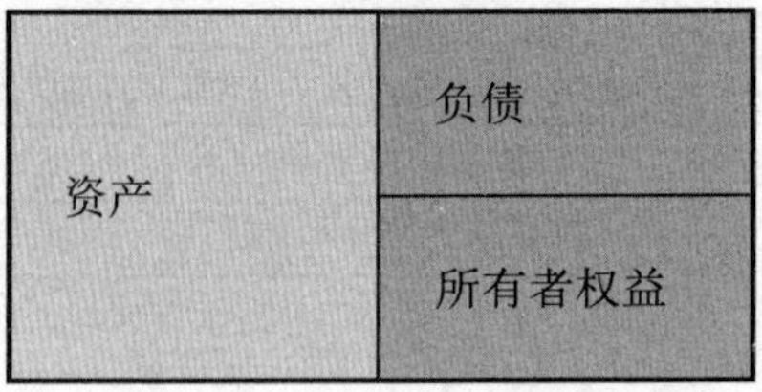

图 2-4　资产负债表的基本结构

图 2-4 所示中左边反映的是公司所拥有的资源，右边反映的是公司不同权利人对这些资源的要求。依照一定的分类标准和次序，把公司在一定日期的资产、负债和所有者权益各项目予以适当编排而成。

当资产负债表列有上期期末数时，称为“比较资产负债表”，它通过前后期资产负债的比较，可以反映企业财务变动状况。根据股权有密切联系的几个独立企业的资产负债表汇总编制的资产负债表，称为“合并资产负债表”。它可以综合反映本企业以及与其股权上有联系的企业的全部财务状况。

资产负债表的格式

资产负债表的结构一般有表首、正表两部分。其中表首概括地说明报表名称、编制单位、编制日期、报表编号、货币名称和计量单位等。正表是资产负债表的主体，列示了用以说明企业财务状况的各个会计要素项目。资产负债表各会计要素及要素项目的不同排列方式，形成了该表的具体格式。

资产负债表的正表一般有两种格式：报告式资产负债表和账户式资产负债表。

1. 报告式资产负债表

报告式资产负债表是上下结构，上半部列示资产，下半部列示负债和所有者权益。资产、负债和所有者权益的具体排列又有两种形式：一是按“资产=负债+所有者权益”的原理排列；二是按“资产一负债=所有者权益”的原理排列。报告式资产负债表的基本格式和内容如表 2-6 所列。

表 2-6 报告式资产负债表

项目	期末额	年初额
资产		
流动资产：		
……		
流动资产合计		
非流动资产：		
……		
非流动资产合计		
资产总计		
负债		
流动负债：		
……		
流动负债合计		
非流动负债：		
……		
非流动负债合计		
负债总计		
所有者权益（股东权益）总计		

2. 账户式资产负债表

账户式资产负债表是左右结构，左边列示资产，右边列示负债和所有者权益。与会计的基本等式“资产＝负债＋所有者权益”一样，资产列于报表(等式)的左边，负债和所有者权益列于报表(等式)的右边，左右对照，便于对企业财务状况的比较分析。在我国，资产负债表多采用账户式，资产负债表左右双方平衡，即资产总计等于负债和所有者权益总计。账户式资产负债表的基本格式如表 2-7 所示。

表 2-7 账户式资产负债表

资产	期末额	年初额	负债及所有者权益	期末额	年初额
流动资产：			流动负债：		
……			……		
……			流动负债合计		
……			非流动负债：		
……			……		
流动资产合计			非流动负债合计		
非流动资产：			负债总计		
……			所有者权益：		
……			……		
非流动资产合计			所有者权益合计		
资产总计			负债及所有者权益总计		

在实际工作中，资产负债表一般都有印制好的制式表格，只要填入相应的数据即可。在电算化程度较高的地区，税务部门会提供网络接口，由企业每月将本企业的数据填列到相应的网络表格中。所以资产负债表的样式只要了解即可。

资产负债表的编制方法与要求

资产负债表是企业对外报送的重要财务报表，各单位在编制资产负债表时都应当遵循公认的会计准则和国家有关规定。

◎资产负债表的编制方法

为便于各项指标的期末数与期初数比较，资产负债表设有“年初额”和“期末额”两个金额栏，相当于比较两个年度的资产负债表。

年初额

资产负债表中“年初额”栏内各项数字应根据上年末资产负债表的“期末额”栏内所列数字来填列。如果上年度资产负债表规定的各个项目的名称和内容与本年度不相一致，应对上年年末资产负债表各项目的名称和数字按照本年度的规定进行调整，填入报表中“年初额”栏内。

期末额

资产负债表“期末额”栏内各项数字，应根据会计账簿记录填列。其中，大多数项目可以直接根据账户余额填列，少数项目则要根据账户余额进行分析、计算后填列。具体填列方法如图 2-5 所示。

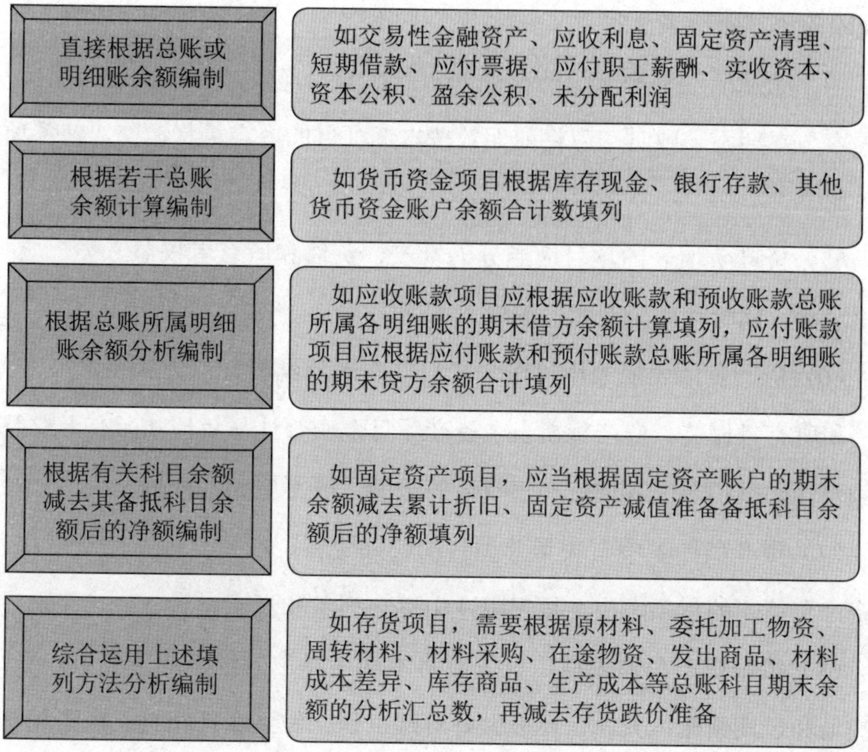

图 2-5 资产负债表期末额编制方法

◎资产负债表的编制要求

在编制资产负债表时，应满足以下基本要求：

（1）企业应当按期编制资产负债表，以反映企业在某一特定日期全部资产、负债、所有者权益及其构成情况，资产负债表日为公历月末、季末和年末等。

（2）资产负债表中应当列明企业的名称、资产负债表日、货币单位和报表编号。

（3）资产负债表各项目的金额均以人民币“元”为单位，元以下填至“分”。采用外币作为记账本位币的企业，应当将以外币反映的资产负债表折合为人民币反映的资产负债表。

（4）企业应当编制至少两年期期末的比较资产负债表。前期的项目分类和内容与本期不一致时，应将前期数按本期项目的内容进行调整，使各项目口径可比。

（5）资产负债表的项目应当分为资产、负债和所有者权益三类，应分别结出总额，同时注明企业的注册资本。

（6）资产负债表应采用“账户式”左右对称结构，左方为资产，右方为负债和所有者权益。资产负债表中资产项目金额合计与负债和所有者权益项目金额合计必须相等。各项资产与负债的金额一般不应相互抵销。

（7）资产负债表中有关重要项目的明细资料，以及其他有助于理解和分析资产负债表的事项，应在报表附注中逐一列示和说明。

（8）编制资产负债表前，首先应将本期所发生的经济业务登记入账，不得提前和过期结账；其次，还应做好对账工作，做到账证相符、账账相符、账实相符；最后按照规定调整有关账项，该预提的要预提，该摊销的要摊销，不得挂账。

◎资产负债表的各项目的填列

资产负债表资产项目应分为流动资产和非流动资产列示；负债类项目应分为流动负债和非流动负债列示。所有者权益按照实收资本、资本公积、盈余公积、未分配利润项目分别列示。

资产项目填列

1. 流动资产填列

流动资产各项目的填列方法如表 2-8 所示。

表 2-8 流动资产各项目填列方法

项目	填列方法
货币资金	根据“库存现金”“银行存款”“其他货币资金”科目的期末额合计数填列
应收票据	根据“应收票据”科目的期末额填列 其中，不包括已向银行贴现和已背书转让的应收票据，已经贴现的商业承兑汇票应在财务报表附注中单独披露
应收账款	根据“应收账款”科目所属各明细科目的期末借方余额合计数，减去“坏账准备”科目中有关应收账款计提的坏账准备期末额后的金额填列 “预收账款”所属明细科目中有借余额的，也填入本项目
应收利息	根据“应收利息”科目的期末额填列
其他应收款	根据“其他应收款”科目的期末额，减去“坏账准备”科目中有关其他应收款计提的坏账准备期末额后的金额填列
预付款项	根据“预付账款”科目所属各明细科目的期末借方余额合计填列 如应在本表“应付账款”项目内填列“预付账款”科目所属有关明细科目期末有贷方余额的，还应包括“应付账款”科目所属明细科目有借方余额的
存货	根据“材料采购”“原材料”“材料成本差异”“生产成本”“库存商品”“周转材料”“发出商品”“委托加工物资”“商品进销差价”等科目的期末额合计减去“存货跌价准备”科目期末额后的金额填列
交易性金融资产	根据“交易性金融资产”科目的期末额填列
应收股利	根据“应收股利”科目的期末额填列
1 年内到期的非流动资产	根据有关科目的期末额分析计算填列
其他流动资产	根据有关科目的期末额填列

2. 非流动资产填列

非流动资产各项目的具体内容和填列方法如表 2-9 所示。

表 2-9 非流动资产各项目填列方法

项目	填列方法
长期股权投资	根据“长期股权投资”科目的期末额，减去“长期投资减值准备”科目中有关股权投资减值准备期末额后的金额填列
长期应收款	根据“长期应收款”科目的期末额，减去“坏账准备”科目所属相关明细科目期末额，再减去“未确认融资收益”科目期末额后的金额分析计算填列
固定资产	根据“固定资产”科目的期末额，减去“累计折旧”“固定资产减值准备”科目期末额后的金额填列
工程物资	根据“工程物资”科目的期末额填列
在建工程	根据“在建工程”科目的期末额，减去“在建工程减值准备”科目期末额后的金额填列
固定资产清理	根据“固定资产清理”科目的期末借方余额填列
无形资产	根据“无形资产”科目的期末额，减去“累计摊销”“无形资产减值准备”科目期末额后的金额填列
递延所得税资产	根据“递延所得税资产”科目期末额分析填列
其他非流动资产	应根据有关科目的期末额填列，如其他长期资产价值较大的，应在财务报表附注中披露其内容和金额
可供出售金融资产	根据“可供出售金融资产”科目的期末额填列
持有至到期投资	根据“持有至到期投资”科目的期末额减去“持有至到期投资减值准备”科目的期末额后填列
投资性房地产	根据“投资性房地产”科目的期末额，减去“投资性房地产累计折旧”“投资性房地产减值准备”所属有关明细科目期末额后的金额分析计算填列

负债项目填列

1. 流动负债

流动负债各项目的具体内容和填列方法如表 2-10 所示。

表 2-10 流动负债各项目填列方法

项目	填列方法
短期借款	根据“短期借款”科目的期末额填列
交易性金融负债	根据“交易性金融负债”等科目的期末额分析填列
应付票据	根据“应付票据”科目的期末额填列
应付账款	根据“应付账款”科目所属各有关明细科目的期末贷方余额合计填列
预收款项	根据“预收账款”科目所属各有关明细科目的期末贷方余额合计填列
应付职工薪酬	根据“应付职工薪酬”科目期末贷方余额填列
应交税费	根据“应交税费”科目的期末贷方余额填列
应付利息	根据“应付利息”科目的期末贷方余额填列
应付股利	根据“应付股利”科目的期末额填列
其他应付款	根据“其他应付款”科目的期末额填列
预计负债	根据“预计负债”科目的期末额填列
1 年内到期的非流动负债	根据有关非流动负债科目的期末额分析计算填列
其他流动负债	根据有关科目的期末额填列
递延所得税负债	根据“递延所得税负债”科目期末额分析填列
其他流动负债	根据有关科目的期末额填列，如应在财务报表附注中披露其他非流动负债价值较大的内容和金额

2. 非流动负债

非流动负债各项目的具体内容和填列方法如表 2-11 所示。

表 2-11 长期负债各项目填列方法

项目	填列方法
长期借款	根据“长期借款”科目的期末额填列
应付债券	根据“应付债券”科目的期末额填列
长期应付款	根据“长期应付款”科目的期末额，减去“未确认融资费用”科目期末额后的金额填列

所有者权益项目填列

所有者权益各项目的具体内容和填列方法如表 2-12 所示。

表 2-12　所有者权益各项目填列方法

项目	填列方法
实收资本	根据“实收资本”（或“股本”）科目的期末额填列
资本公积	根据“资本公积”科目的期末额填列
盈余公积	根据“盈余公积”科目的期末额填列
未分配利润	根据“本年利润”科目和“利润分配”科目的余额计算填列

◎资产负债表编制实例

【例 2-1】 海星公司年末有关科目资料，如表所示。

海星公司账户余额表

账户名称	借方余额（元）	贷方余额（元）	账户名称	借方余额（元）	贷方余额（元）
库存现金	80000		短期借款		355000
银行存款	255000		应付账款		500000
其他货币资金	95000		预收账款		200000
应收票据	90000		应付职工薪酬		135000
应收账款	360000		应交税费	45000	
坏账准备		50000	应付股利		90000
在途材料	200000		长期借款		1000000
原材料	165000		股本		1000000
库存商品	185000		资本公积		44000
生产成本	470000		盈余公积		256000
固定资产	2210000		利润分配		125000
累计折旧		400000			
小计	4110000	450000	小 计	45000	3705000

补充说明：

1. 在“应收账款”账户的明细账户“王一”中有贷方余额150000元；

2. 在“应付账款”账户的明细账户“王二”中有借方余额210000元；

3. 在“预收账款”账户的明细账户“王三”中有借方余额60000元；

4. 长期借款中有1笔2016年7月1日借入的、到期1次还本付息的2.5年期借款，该笔借款本金400000元，年利率10%。

该公司2017年12月31日资产负债表各项目的应填列金额计算分析如下：

1. 货币资金项目：将“库存现金”“银行存款”“其他货币资金”科目余额合并列入货币资金项目，即80000+255000+95000＝430000（元）。

2. 应收票据项目：按期账面余额直接填列，即90000元。

3. 应收账款项目：将应收账款项目所属明细账户的借方余额合计、再加上预收账款所属明细账户的借方余额合计、并减去坏账准备账户的余额。具体计算过程如下：

（1）应收账款项目所属明细科目的借方余额合计＝360000+150000＝510000（元）；

（2）应收账款项目应填列金额＝510000+60000−50000＝520000（元）。

4. 预付款项项目：将预付款项所属明细账户的借方余额合计、再加上应付账款所属明细账户的借方余额合计，即0+210000＝210000（元）。

5. 存货项目：将“在途材料”“原材料”“库存商品”“生产成本”账户的余额合计，即200000+165000+185000+470000＝1020000（元）。

6. 固定资产项目：将“固定资产”账户余额减去“累计折旧”账户余额，即2210000−400000＝1810000（元）。

7. 短期借款项目：直接按“短期借款”账户期末余额填列，即355000元。

8. 应付账款项目：将“应付账款”所属明细账户的贷方余额合计，即

500000+210000 = 710000（元）。

9. 预收款项项目：将“预收账款”账户所属明细账户贷方余额合计、再加上“应收账款”账户所属明细账户贷方余额合计。具体计算如下：

（1）“预收账款”账户所属明细账户贷方余额合计= 200000+60000 = 260000（元）；

（2）预收款项项目应填列金额= 260000+150000 = 410000（元）。

10. 应付职工薪酬项目：直接按“应付职工薪酬”账户余额填列，即135000（元）。

11. 应交税费项目：直接按“应交税费”账户余额填列，但因其余额在借方，故应以负数填入，即 -45000 元。

12. 应付股利项目：直接按“应付股利”账户的期末余额填列，即 90000 元。

13. 1 年内到期的非流动负债项目：将“长期借款”账户中所含的将于 1 年内到期并需偿付的长期借款本金及利息记入该项目，即 400000×（1+10%×1.5）= 460000（元）。

14. 股本项目、资本公积项目、盈余公积项目：分别按其同名账户的余额直接填列，即各项目应填列金额分别为 1000000 元、44000 元、256000 元。

15. 长期借款项目：用“长期借款”账户的余额减去记入“1 年内到期的非流动负债”中的那一部分长期借款金额，即 1000000-460000 = 540000（元）。

16. 未分配利润项目：按“利润分配”账户的期末余额直接填列（若为借方余额，以负数填列），即 125000 元。

因此，海星公司资产负债表编制结果如表所示。

海星公司资产负债表

编制单位：海星公司　　　2017 年 12 月 31 日　　　单位：元

资　产	期末	年初	负债和所有者权益	期末	年初
流动资产：		略	流动负债：		略
货币资金	430000		短期借款	355000	
应收票据	90000		应付账款	710000	
应收账款	520000		预收款项	410000	
预付款项	210000		应付职工薪酬	135000	
存货	1020000		应交税费	-45000	
流动资产合计	2270000		应付股利	90000	
非流动资产：			1 年内将到期的非流动负债	460000	
固定资产	1810000		流动负债合计	2115000	
非流动资产合计	1810000		非流动负债：		
			长期借款	540000	
			非流动负债合计	540000	
			负债合计	2655000	
			所有者权益：		
			股本	1000000	
			资本公积	44000	
			盈余公积	256000	
			未分配利润	125000	
			所有者权益合计	1425000	
资产总计	4080000		负债及所有者权益总计	4080000	

资产负债表分析的目的与内容

资产负债表是一张静态报表，反映了报表截止时间时公司的资产、负债和所有者权益的总体状况和各项目的状况。但是由于资产负债表是静态的报表，所以，我们无法单纯从固定格式的报表中直接获得我们需要的管理信息，我们必须通过建立一套科学的分析方法，才能够清楚地了解该公司各重点项目的单独状况、总体的资产负债结构状况、公司的偿债能力、营运能力和成长能力等。

◎资产负债表分析的目的

资产负债表分析的目的可以从以下三方面进行，如图 2-6 所示。

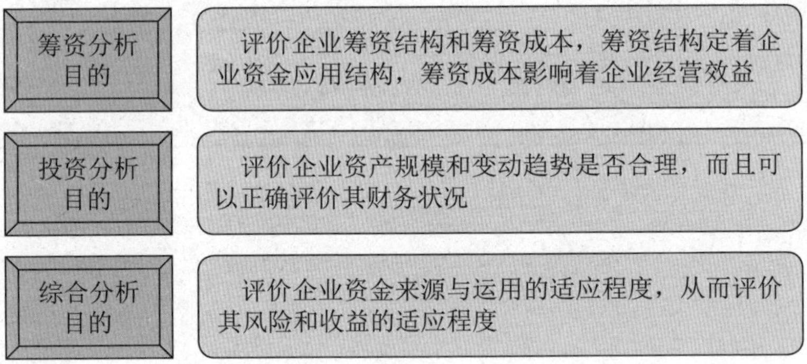

图 2-6　资产负债表分析目的

◎资产负债表分析的内容

资产负债表分析主要包括以下内容，如图 2-7 所示。

资产负债表水平分析

通过对企业各项资产、负债和所有者权益实际规模与目标（或标准）的对比，揭示出企业在筹资与投资过程中的差异

资产负债表垂直分析

通过各项目与总资产（或总权益）进行对比，分析企业的资产构成、负债构成及所有者权益构成，揭示出资产结构和权益结构是否合理

资产负债表趋势分析

通过对较长时期的总资产、总负债及主要资产、主要负债、所有者权益的变化趋势分析，揭示出企业筹资、投资活动的变化规律与特征

资产负债表项目分析

在对资产负债表进行全面分析的基础上，对影响资产负债和所有者权益的主要项目进行深入分析

图 2-7 资产负债表分析内容

资产负债表水平分析

资产负债表水平分析，就是将资产负债表实际数值与对比标准或基数值（一般是前一年数值）进行比较，进而揭示资产、负债和所有者权益变动差异的分析方法。

◎资产负债表水平分析步骤

资产负债表对比基数不同，分析的目的或作用也不同。当以资产负债表预算为对比基数时，分析目的在于评价资产、负债和所有者权益预算完成情况；当以上年资产负债表为对比基数时，分析目的在于评价资产、负债和所有者权益的增减变动情况。下面我们主要以上年资产负债表为对比基数讲述资产负债表的水平分析。

资产负债表水平分析一般是通过编制资产负债表水平分析表来进行的。水平资产负债表是将两期或以上的连续若干期间的资产负债数额平行列示，并计算出变动差异额和差异变动百分比的报表，以考察企业财务状况本年与上年或以前各年的对比差异的原因。具体编制步骤如图 2-8 所示。

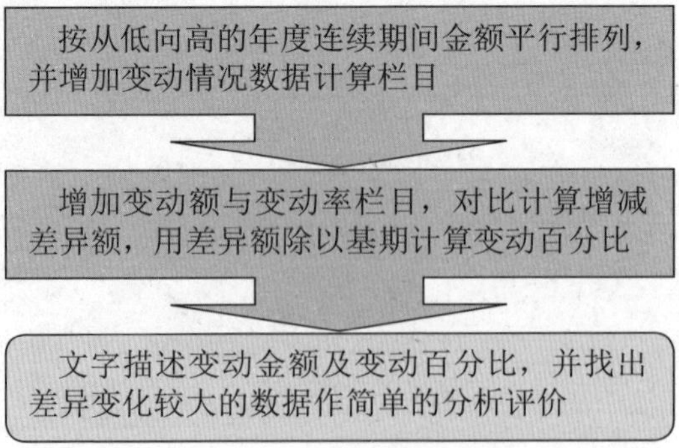

图 2-8 水平资产负债表编制程序

◎资产负债表水平分析实例

【例 2-2】兴华公司根据2018年至2019年资产负债表编制资产负债表水平分析表。

兴华公司资产负债表水平分析表

序号	项目	2018年12月31日	2019年12月31日	变动情况	
		数额/元	数额/元	变动额/元	变动/%
1	一、流动资产				
2	货币资金	16500000	17862500	1362500	8.26
3	交易性金融资产	5562.5	0	-5562.5	-100.00
4	应收票据	5125	1875	-3250	-63.41
5	应收账款	260250	825000	564750	217.00
6	预付款项	710937.5	805000	94062.5	13.23
7	应收利息	24312.5	23562.5	-750	-3.08
8	其他应收款	83250	96562.5	13312.5	15.99
9	存货	4747500	5852500	1105000	23.28
10	待处理流动资产损溢	0	0	0	0.00
11	一年内到期的非流动资产	0	0	0	0.00
12	其他流动资产	313062.5	408000	94937.5	30.33
13	流动资产合计	22650000	25875000	3225000	14.24
14	二、非流动资产				
15	可供出售金融资产	0	0	0	0.00
16	持有至到期投资	0	0	0	0.00
17	长期应收款	66312.5	98250	31937.5	48.16
18	长期股权投资	448000	594750	146750	32.76
19	其他长期投资	0	0	0	0.00
20	投资性房地产	254937.5	290250	35312.5	13.85
21	固定资产原值	2550000	3427500	877500	34.41
22	累计折旧	375000	495000	120000	32.00
23	固定资产净值	2175000	2932500	757500	34.83
24	固定资产减值准备	0	0	0	0.00
25	固定资产净额	2175000	2932500	757500	34.83

续表

序号	项目	2018 年 12 月 31 日	2019 年 12 月 31 日	变动情况	
		数额 / 元	数额 / 元	变动额 / 元	变动 /%
26	在建工程	306375	1545000	1238625	404.28
27	工程物资	0	0	0	0.00
28	无形资产	568125	985000	416875	73.38
29	开发支出	43875	16562.5	-27312.5	-62.25
30	商誉	0	437.5	0437.5	0.00
31	长期待摊费用	148437.5	375000	226562.5	152.63
32	递延所得税资产	188937.5	212250	23312.5	12.34
33	其他非流动资产	0	0	0	0.00
34	非流动资产合计	4200000	7050000	2850000	67.86
35	资产总计	26850000	32925000	6075000	22.63
36	三、流动负债				
37	短期借款	0	238500	238500	0.00
38	交易性金融负债	0	0	0	0.00
39	应付票据	10543750	11350000	806250	7.65
40	应付账款	4062500	5755000	1692500	41.66
41	预收款项	189875	287375	97500	51.35
42	应付职工薪酬	104625	150750	46125	44.09
43	应交税费	226187.5	398062.5	171875	75.99
44	应付利息	0	0	0	0.00
45	应付股利	14187.5	22312.5	8125	57.27
46	其他应付款	0	0	0	0.00
47	预提费用	499812.5	325562.5	-174250	-34.86
48	一年内到期的非流动负债	72875	84000	11125	15.27
49	其他流动负债	176375	239250	62875	35.65
50	流动负债合计	15890187.5	18850812.5	2960625	18.63
51	四、非流动负债				
52	长期借款	268750	120437.5	-148312.5	-55.19
53	应付债券	0	0	0	0.00
54	长期应付款	0	0	0	0.00
55	专项应付款	0	0	0	0.00
56	递延所得税负债	5062.5	25812.5	20750	409.88
57	其他非流动负债	141937.5	369750	227812.5	160.50
58	非流动负债合计	415750	516000	100250	24.11
59	负债合计	16305937.5	19366812.5	3060875	187700

续表

序号	项目	2018 年 12 月 31 日	2019 年 12 月 31 日	变动情况	
		数额 / 元	数额 / 元	变动额 / 元	变动 /%
60	五、所有者权益				
61	实收资本（或股本）	3807500	4255500	448000	11.77
62	资本公积	2277250	2277250	0	0.00
63	盈余公积	603250	613750	10500	1.74
64	未分配利润	3856250	6406250	2550000	66.13
65	外币报表折算差额	-187.5	5437.5	5625	-3016.00
66	所有者权益（或股东权益）合计	10544062.5	13558187.5	3014125	28.59
67	负债和所有者权益总计	26850000	32925000	6075000	22.63

通过对兴华公司资产负债表的水平分析，得到以下几个评价结论：

(1) 从投资角度评价。从表可以看出，兴华公司 2019 年总资产为 3292.5 万元，较上年增加了 607.5 万元，增长了 22.63%。这说明兴华公司 2019 年的资产规模有所增长。进一步分析可以发现，兴华公司资产的增加主要是由于流动资产和非流动资产增加引起的。

兴华公司 2019 年流动资产增加 322.5 万元，增长 14.24%。其中，应收账款增加 564.75 万元；存货增加 110.625 万元，其他流动资产增加 95 万元。虽然流动资产增长比率不大，但是对于其中应收账款过快增长应进一步查明原因，看是否与收入同步增长，并加强货款回收控制。

兴华公司 2019 年非流动资产增加 285 万元，增长了 67.86%。其中固定资产增加 87.5 万元，在建工程增加 123.75 万元，这说明企业正步入一个新的规模增长与扩张时期，具体情况应进一步与资产负债表附注及其他相关信息结合分析其合理性。该企业无形资产增加 41.875 万元，长期待摊费用增加 22.5 万元，两项内容应结合企业规模的扩张看是否合理。

（2）从筹资或权益角度评价。从表可以看出，兴华公司 2019 年权益较上年增加了 3014125 元，增长 28.59%，这说明兴华公司的筹资规模有所增加。

该公司筹资规模的增大主要是负债筹资规模增大引起的，2019 年兴华公司负债增加 3060875 元，增长了 18.77%。

兴华公司总负债增加，主要是流动负债增加了 2962500 元，增长 18.63 %，递延所得税增加 20750 元，增长 409．88 %，其中应付款增加 1693750 元，增长 41.66%，预收账款增加 10 万元，增长 51.35%，应交税费增加 17.5 万元，增长 75.99%。随着该公司负债筹资规模的增大，企业的财务风险随之增大，因此，应结合偿债能力进行分析。

兴华公司 2019 年所有者权益较上年增加了 3014125 元，增加率为 28.59%，增加的主要原因是未分配利润和实收资本有较大幅度的增加。基本数据反映企业资产增加是企业盈利能力获得，是一个好现象，但是应进一步分析影响负债较大比率增加的原因，加强财务筹资成本管理，控制风险。

（3）从投资与筹资综合角度评价。从表可以看出，兴华公司资产规模增大是由负债和权益筹资的共同作用影响的，其中，负债筹资规模的增大是资产规模增大的主要原因。

资产负债表垂直分析

资产负债表垂直分析，是通过计算资产负债表中各项目在总资产或总权益中所占的比重，分析说明企业资产结构和权益结构及增减变动的合理程度。

◎资产负债表垂直分析步骤

资产负债表垂直分析一般是通过编制资产负债表垂直分析表来进行的。资产负债表垂直分析表的编制一般遵循以下几个步骤，如图 2-9 所示。

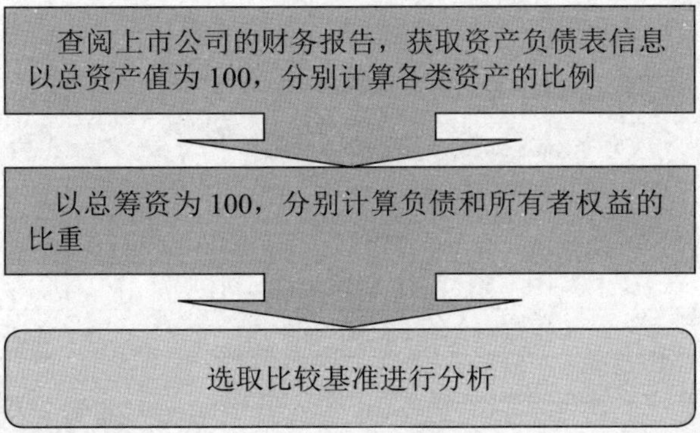

图 2-9 垂直资产负债表编制程序

◎资产负债表垂直分析实例

在分析中，既可以从静态角度分析，评价构成情况，又可以从动态角度，将实际构成与标准构成（标准构成可以是预算数，上期数，同行业数据）进行比较分析和评价。

【例 2-3】兴华公司根据2018年至2019年资产负债表编制资产负债表垂直分析表。

兴华公司资产负债表垂直分析表

单位：万元

项目	2019年12月31日	2018年12月31日	2019年12月31日	2018年12月31日	变动情况
流动资产：					
货币资金	746300000	529968750	19.05	19.21	-0.16
交易性金融资产	6642500	335000	0.17	0.01	0.16
应收票据	139146250	32475000	3.55	1.18	2.37
应收账款	715988750	556055000	18.28	20.15	-1.87
预付款项	166920000	98408750	4.26	3.57	0.69
应收利息	0	0	0	0	0
应收股利	0	0	0	0	0
其他应收款	68687500	90841250	1.75	3.29	-1.54
存货	710908750	499115000	18.15	18.09	0.06
一年内到期的非流动资产	0	0	0	0	0
其他流动资产	0	0	0	0	0
流动资产合计	2554593750	1807198750	65.21	65.49	-0.28
非流动资产：					
可供出售金融资产	0	0	0	0	0
持有至到期投资	0	0	0	0	0
长期应收款	0	0	0	0	0
长期股权投资	24742500	28670000	0.63	1.04	-0.41
投资性房地产	0	0	0	0	0
固定资产	768547500	541706250	19.62	19.63	-0.01
在建工程	270811250	164820000	6.91	5.97	0.94
工程物资	84365000	30740000	2.15	1.11	1.04
固定资产清理	0	0	0	0	0
生产性生物资产	0	0	0	0	0
油气资产	0	0	0	0	0

续表

项目	2019 年 12 月 31 日	2018 年 12 月 31 日	2019 年 12 月 31 日	2018 年 12 月 31 日	变动情况
无形资产	195012500	148846250	4.98	5.39	-0.42
开发支出	445000	107500	0.01	0	0.01
商誉	0	0	0	0	0
长期待摊费用	272500	453750	0.01	0.02	-0.01
递延所得税资产	18806250	36726250	0.48	1.33	-0.85
其他非流动资产	0	225000	0	0.01	-0.01
非流动资产合计	1363002500	952295000	34.79	34.51	0.28
资产总计	3917596250	2759493750	100.00	100.00	0
负债和股东权益					
流动负债：					
短期借款	624305000	212385000	15.94	7.70	8.24
交易性金融负债	26250	0	0	0	0
应付票据	284625000	150362500	7.27	5.45	1.82
应付账款	548592500	292971250	14.00	10.62	3.39
预收款项	119811250	66491250	3.06	2.41	0.65
应付职工薪酬	39203750	10908750	1.00	0.40	0.61
应交税费	91868750	47642500	2.35	1.73	0.62
应付利息	2596250	2365000	0.07	0.09	-0.02
应付股利	64665000	12500000	1.65	0.45	1.20
其他应付款	286637500	401586250	7.32	14.55	-7.24
一年内到期的非流动负债	129042500	57612500	3.29	2.09	1.21
其他流动负债	0	0	0	0	0
流动负债合计	2191373750	1254825000	55.94	45.47	10.46
非流动负债：					
长期借款	151528750	207460000	3.87	7.52	-3.65
应付债券	61070000	60887500	1.56	2.21	-0.65
长期应付款	0	0	0	0	0
专项应付款	0	0	0	0	0
预计负债	10896250	4780000	0.28	0.17	0.11
递延所得税负债	4135000	23152500	0.11	0.84	-0.73
其他非流动负债	8776250	2468750	0.22	0.09	0.13
非流动负债合计	236406250	298748750	6.03	10.83	-4.8
负债合计	2427780000	1553573750	61.97	56.30	5.67
股东权益：					

续表

项目	2019年12月31日	2018年12月31日	2019年12月31日	2018年12月31日	变动情况
股本	632808750	186000000	16.15	6.74	9.41
资本公积	1211250	154775000	0.03	5.61	-5.58
减：库存股	0	0	0	0	0
盈余公积	171485000	107241250	4.38	3.89	0.49
未分配利润	625975000	680141250	15.98	24.65	-8.67
外币报表折算差额	-12690000	-12301250	-0.32	-0.45	0.13
归属于母公司股东权益合计	1418790000	1115856250	36.22	40.44	-4.22
少数股东权益	71026250	90063750	1.81	3.26	-1.45
股东权益合计	1489816250	1205920000	38.03	43.70	-5.67
负债和股东权益总计	3917596250	2759493750	100.00	100.00	0

通过对兴华公司资产负债表的垂直分析，得到以下几个评价结论：

（1）资产结构分析

从静态方面分析，就一般意义而言，流动资产变现能力强，其资产风险较小；而非流动资产变现能力较差，其资产风险较大。所以，流动资产比重较大时，企业资产的流动性强而风险小；非流动资产比重较大时，企业资产弹性较差，不利于企业灵活调度资金，风险较大。2018年，天源公司流动资产占资产总额的65.49%，2019年流动资产占资产总额的65.21%，可见，兴华公司流动资产占全部资产的比重很高，反映了该公司的资产流动性较强，资产风险较小。

从动态方面分析，兴华公司2019年流动资产比重较上年下降了0.28%，非流动资产比重上升了0.28%，结合各资产项目的结构变动情况看，变动幅度不是很大，说明该公司的资产结构相对比较稳定。

（2）资本结构分析

从兴华公司的资本结构来看，2018年，负债占56.30%，权益占43.70%；2019年负债占61.97%，权益占38.03%，可以说该公司资本结构中负债所占比例较大，而且本年度比率大幅度上升，表明该公司在使用负债资金时，以短期资金为主。由于流动负债对企业资金流动性要求较高，因此该公司所奉行的负债筹资政策虽然会增加公司的偿债压力，承担较大的财务风险，但同时也会降低公司的负债成本。

从静态方面看，该公司所有者权益比重为38.03%，负债比重为61.97%，资产负债率相对较高，财务风险相对较大。这样的财务结构是否合适，仅凭以上分析难以作出判断，要结合行业特点、企业的盈利能力，通过权益结构优化分析才能予以说明。

资产负债表结构分析

对资产负债表结构的总体分析，可以大致了解企业所拥有的资产状况、企业所负担的债务、所有者权益等财务状况。资产负债表的结构分析主要包括对资产结构和负债结构两方面的分析。

◎资产结构分析

资产结构分析主要是分析流动资产和结构性资产之间的比例关系，反映资产结构的一个重要指标是流动资产率，其计算公式为：

流动资产率 = 流动资产额 / 资产总额

对资产结构的分析，可帮助我们从宏观角度上掌握企业所在行业的特点、经营管理特点和技术装备水平。

流动资产率越高，企业的日常生产经营活动越重要。比如在企业产品市场需求旺盛或扩大经营规模的时期，企业投入当期生产经营活动的资金要比其他企业、其他时期投入的多。当企业处于蓬勃发展时期时，企业的经营管理就显得非常重要。该指标也是进行行业划分和行业比较的重要指标。一般地讲，纺织、冶金企业该指标在30%～60%，商业批发企业可高达90%以上。

商业企业的流动资产往往大于非流动资产，而化工业的情况却恰恰相反。如江苏某商场股份有限公司2019年12月31日的流动资产为5602万元，结构性资产为4066万元。而河南某股份有限公司（以化工业为主）同期的流动资产为23922万元，结构性资产为17944万元。

在同一行业中，流动资产、长期投资所占的比重反映出企业的经营特点。流动资产和负债较高的企业稳定性差，却较灵活；而那些结构性资产和负债占较大比重的企业底子较厚，但转变调整比较困难。长期投资较高的企业，风险较高。无形资产增减和固定资产折旧快慢反映企业的新产品开发能力和技术装备水平。无形资产多的企业，开发创新能力强；而那些固定资产折旧比例较高的企业，技术更新换代快。

◎负债结构分析

负债结构分析主要是分析负债总额与所有者权益、长期负债与所有者权益之间的比例关系。对负债结构的分析，主要应弄清企业自有资金负债率和负债经营率。

自有资金负债率

自有资金负债率是所有者权益和负债总额（即流动负债加长期负债）的比率，也叫企业投资安全系数，用来衡量投资者对负债偿还的保障程度。该指标也反映企业自负盈亏能力的大小。即：

自有资金负债率＝负债总额（流动负债＋长期负债）/资本总金额（所有者权益）

自有资金负债率越大，债权人所得到的保障越小，获得银行贷款的可能性越小（或者说银行收回贷款的难度就越大）。企业的原材料供应商也很关心这一指标，它是确定付款方式、付款期限的依据。自有资金负债率越低，股东及企业以外第三方对企业的信心就越足，但如果自有资金负债率过低，说明企业没有充分利用自有资金，发展潜力还很大。一般认为1∶1最理想，即：

负债总额（流动负债＋长期负债）＝资本总金额（所有者权益）

负债经营率

长期负债和所有者权益之比，称为企业的负债经营率。即：

负债经营率＝长期负债总额/所有者权益总额

负债经营率反映企业负债结构的独立性和稳定性，一般认为1∶3或1∶4较为合理，其比率越高说明企业独立性越差，比率越低说明企业的资金来源稳定性越好。通过长期负债来筹集结构性资产所需的资金是一条途径。但长期负债过大，利息支出很高，一旦企业陷入经营困境，如贷款收不回、流动资金不足等情况，长期负债就变成企业的包袱。而使用自有资金投资企业的结构性资金，就没有这种弊病。

通过资产负债表结构分析，可以大致了解企业所拥有的资产状况、企业所负担的债务、所有者权益等财务状况。而如果需要进一步了解企业偿还短期债务的能力和财务弹性，了解企业的资本结构和长期偿债能力等详细情况，则需要使用趋势分析法等做具体分析。

资产负债表趋势分析

资产负债表趋势分析，是通过计算资产负债表中各项目在一个较长时期内的变动情况，观察各项资产、负债及所有者权益及其影响因素的变化趋势。一般要求趋势分析期不少于5年。

◎资产负债表趋势分析步骤

资产负债表趋势分析是通过编制资产负债表趋势分析表来进行的。资产负债表趋势分析表的编制有以下几个步骤，如图2-10所示。

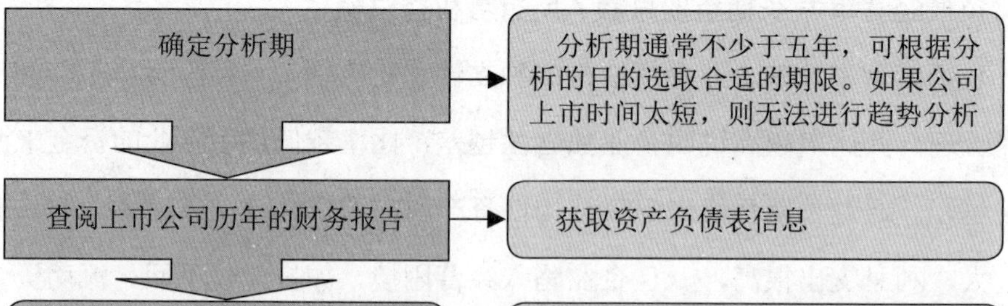

图2-10 垂直资产负债表编制程序

◎资产负债表趋势分析实例

【例 2-4】 资产负债表趋势分析表既可以对主要项目进行分析，也可以对全部项目进行分析。在下面的例子中，根据表中的瑞合公司的资料，仅对资产负债表主要项目进行趋势分析。

瑞合公司资产负债表趋势分析资料

单位：元

项　目	2016 年	2017 年	2018 年	2019 年	2020 年
流动资产	2112000	2700000	2316000	2754000	3591000
长期投资	300000	300000	540000	540000	540000
固定资产	2760000	3120000	2316000	4140000	3660000
无形资产及其他资产	0	0	0	0	0
资产总计	5172000	6120000	5172000	7446000	7791000
流动负债	534000	612000	828000	772200	862800
长期负债	480000	720000	600000	600000	600000
负债合计	1014000	1332000	1428000	1372200	1462800
所有者权益（或股东权益）合计	4158000	4788000	3744000	6073800	6328200
负债和所有者权益（或股东权益）总计	5172000	6120000	5172000	7446000	7791000

以 2016 年为基期，经计算，得到资产负债表趋势分析表，见表所示。

瑞合公司资产负债表趋势分析表

项　目	2016 年	2017 年	2018 年	2019 年	2020 年
流动资产	100%	128%	110%	130%	170%
长期投资	100%	100%	180%	180%	180%
固定资产	100%	113%	84%	150%	133%
无形资产及其他资产					
资产总计	100%	118%	100%	144%	151%
流动负债	100%	115%	155%	145%	162%
长期负债	100%	150%	125%	125%	125%

续表

项　　目	2016年	2017年	2018年	2019年	2020年
负债合计	100%	131%	141%	135%	144%
所有者权益（或股东权益）合计	100%	115%	90%	146%	152%
负债和所有者权益（或股东权益）总计	100%	118%	100%	144%	151%

根据表所示，对瑞合公司2016年至2020年的资产负债表趋势分析表进行如下评价：

（1）从2016年到2020年，瑞合公司资产规模在5年的时间里增长了51%，但公司的发展并不是平稳的。其中2016年到2018年增长缓慢，2019年增幅非常大，2020年增长幅度不大。

（2）除无形资产外，瑞合公司其他各类资产都呈增长趋势，但增长变化幅度有差异：长期资产的增长幅度大于流动资产的增长幅度，如该公司的流动资产能保证正常的生产经营需要，并且不存在长期资产闲置，这种变动有利于提高资源的利用率。

（3）负债和所有者权益

负债和所有者权益的增长趋势相同，但幅度略有不同，表明该公司负债筹资规模扩大，企业财务风险加大了。2018年和2019年的流动负债增长快于流动资产增长，但是2020年的流动资产增长快于流动负债增长，表明该公司由冒险型结构向稳健型结构转变。

资产负债表项目分析

资产负债表项目分析包括资产项目分析、负债项目分析和所有者权益项目分析（又称为产权项目分析）。

◎资产负债表资产项目分析

货币资金项目

货币资金一般包括库存现金、银行结算户存款、外埠存款、银行汇票存款、银行本票存款、信用证存款、信用卡存款以及在途资金等。它是企业流动性最强、最有活力的资产，但也是获利能力最低，几乎不产生收益的资产。所以，其拥有量过多或过少都会对企业的经营活动产生影响。货币资金分析应该注重以下几个方面，如图 2-11 所示。

分析企业货币资金规模是否适当

货币资金持有量不宜过高更不宜过低，货币资金规模主要取决于企业资产的规模，业务收支规模，企业所处行业特点，以及企业对货币资金的运用能力

分析企业货币资金的构成情况

经济业务、货币资金涉及多种货币时，对企业持有的各种货币的汇率进行趋势分析，便可以确定企业持有货币资金的构成质量

分析货币资金规模变动原因

随着企业经营活动的进行，企业的资产各项目都会随之变动，货币资金也不例外，其主要变动原因有四个

图 2-11 货币资金分析应注重的内容

货币资金规模变动的主要原因在于：

（1）销售规模变动。企业销售产品或提供劳务是获得货币资金的主要途径，销售规模发生变化，货币资金规模也会相应变化；

（2）信用政策变动。企业如果改变信用政策，就会改变货币资金收付方式及时间，则货币资金规模就会因此而改变；

（3）为大笔现金支出做准备。企业在生产经营过程中，可能会发生大笔的现金支出，企业会提前为其做准备，这就使得企业此时持有的货币资金规模增大；

（4）货币资金的调度。企业管理者对货币资金的使用或调度的倾向会影响企业持有的货币资金规模。

应收账款项目

应收账款是企业因赊销商品或提供劳务等业务而形成的一种债权。对应收账款的分析应该注重以下几方面，如图 2-12 所示。

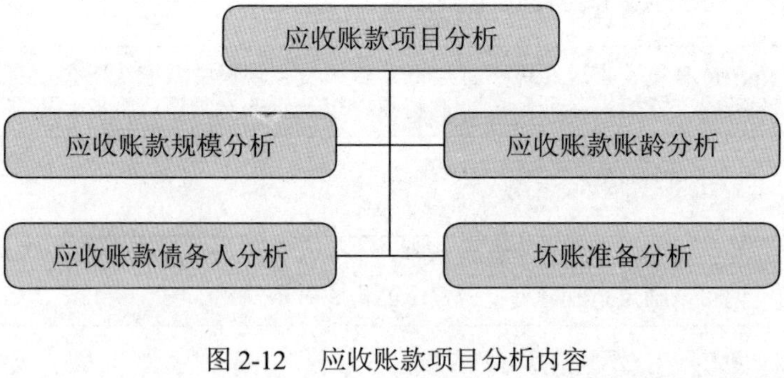

图 2-12　应收账款项目分析内容

一般来说，账龄长的应收账款所占比重越高，说明企业应收账款回收的可能性越小，其质量越差；反之，收回的可能性越大，其质量就越高。

【例 2-5】根据华强公司资产负债表附注提供的资料，2019 年 12 月 31 日的应收账款余额为 79389818.54 元，其构成如表所示。

应收账款账龄分析表

账龄	期初数			期末数		
	账面余额		坏账准备 / 元	账面余额		坏账准备 / 元
	金额 / 元	比例 /%		金额 / 元	比例 /%	
1 年以内	23393072.42	59.90	1191261.70	24524718.47	51.49	1253055.64
1 年至 2 年	13818604.06	35.39	2078040.61	21150961.40	44.50	37126.46
2 年至 3 年	177804.56	0.46	53341.37	249482.99	0.52	74844.90
3 年以上	1661701.52	4.25	830850.76	1663728.26	3.49	831864.13
合计	39051182.56	100	4153494.44	47633891.12	100	2196891.13

从表所示可以看出，华强公司 51.49％的应收账款的账龄在 1 年以内，比上年减少了 8.41％左右。虽然账面数额有所增加，但是由于应收账款的总额增加的幅度更大，所以所占的比重有了一定的减少，这种现象的产生可能是由于企业的信用政策有所放松，也可能是由于企业扩大了销售规模，所以导致了 1 年以内的应收账款数额有一定的增加。1 年至 2 年的应收账款无论是在总额上还是在比例上都有了一定幅度的增加，可能是由于上一年的 1 年以内的应收账款结转到本期的 1 年至 2 年的应收账款之中。而 2 年以上的应收账款数额和比例都有所增加，应引起公司管理者的注意。综合来看，公司的应收账款构成质量还是比较合理的，而且相应坏账准备的数额也在逐渐减少，只是应注意期限较长的应收账款的回收。

存货项目

存货是企业日常生产经营过程中持有以备出售，或仍处于生产过程，或在生产、提供劳务过程中将消耗的材料或物料等，包括材料、商品、在产品、半成品以及产成品等。存货是企业最重要的流动资产之一，存货核算的准确性对资产负债表有较大的影响，因此，对存货的分析显得尤为重要。（如图 2-12 所示）

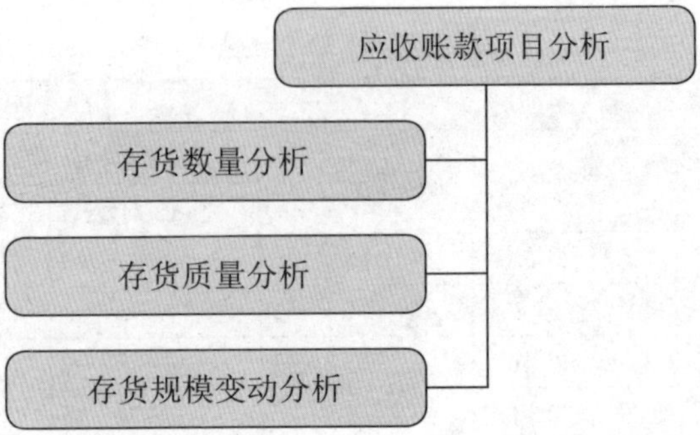

图 2-13 存货分析内容

对企业存货质量的分析，一般从以下几个方面入手，如图 2-14 所示。

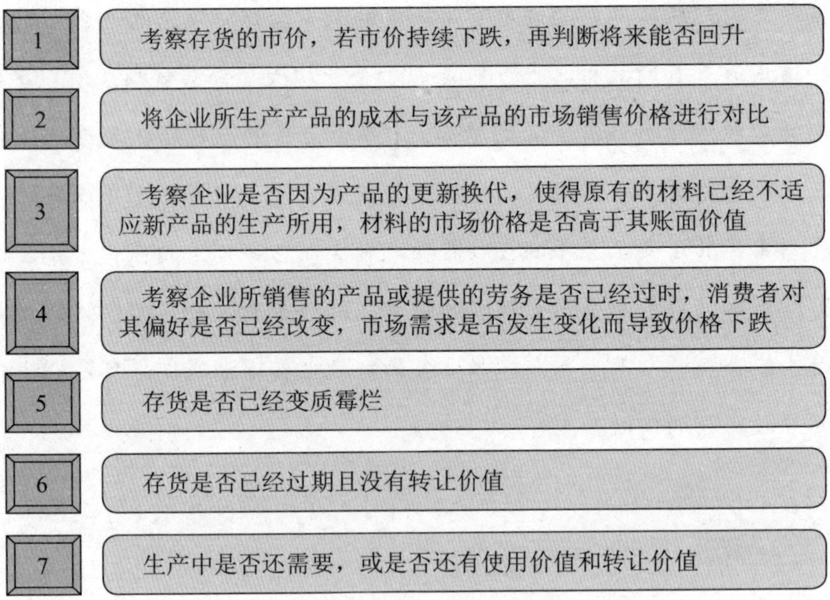

图 2-14 存货质量分析内容

固定资产项目

这里的固定资产包括资产负债表中反映的固定资产、固定资产清理、工程物资和在建工程。固定资产的判定包括时间标准和价值标准，即使用时间在一年以上，使用价值是单项价值在规定标准以上。在资产负债表中反映的固定资产实际是固定资产净值，是固定资产原值减去累计折旧和固定资产减值准备后的净值。固定资产的分析可以从几方面进行，如图 2-15 所示。

固定资产规模分析

企业应该根据生产计划，估计固定资产的需要量，在此基础上配置相应规模的固定资产

固定资产规模变动分析

主要是对固定资产增长、更新、退废以及损失情况进行分析，它是以固定资产的期末数与期初数差异为基础来确定其变动情况

固定资产折旧分析

应该考虑其选择的折旧方法的合理性、固定资产折旧政策的连续性以及固定资产预计使用年限和预计净残值确定的合理性

固定资产减值准备分析

考虑减值准备对固定资产的影响程度、固定资产可回收金额确定的合理性以及固定资产发生减值对生产经营的影响程度

图 2-15 固定资产分析内容

◎资产负债表负债项目分析

短期借款项目

需要多少短期借款，一般取决于企业生产经营和业务活动对流动资金需要量的短缺状况与企业现有的流动资产情况。对短期借款的分析应该注重两个方面，如图 2-16 所示。

与流动资产规模的适应程度

短期借款必须与流动资产相适应，尤其是存货项目，一般来讲，应当以小于流动资产数额为上限

与企业当期收益的适应程度

短期借款绝对数的大小并不能代表企业营运状况的好坏，关键是收益率是否高于负债利率

图 2-16 短期借款分析的注意事项

应付账款及应付票据项目

分析应付账款及应付票据时，应该综合考虑企业的销售规模、利用无成本资金的合理性、提供商业信用的企业的信用政策是否发生改变以及企业的资金是否充裕。

应交税费及其他应付款项目

应交税费是企业在会计期末应交未交的税金费用。该项目是与企业营业

收入以及利润的变化相联系的，分析时要注意查明企业是否拖欠国家税款，是否尽到其法定义务。

分析其他应付款应该结合财务报表附注所提供的资料，关注其规模的变动是否正常以及企业是否存在长期占用关联方企业资金的现象。

◎资产负债表所有者权益项目分析

应交税费及其他应付款项目

实收资本的变动将影响到企业原投资者对企业的制约权，资本公积是企业在非经营业务中产生的资本，二者统称为投入资本。分析实收资本与资本公积时应注意以下三点，如图 2-17 所示。

1. 由于实收资本和资本公积的变动而造成的投入资本变动
2. 投入资本在所有者权益中的比重
3. 利用投入资本几年的变动趋势来分析所有者权益的变动趋势及速度

图 2-17 实收资本与资本公积分析时注意事项

盈余公积与未分配利润项目

盈余公积与未分配利润统称为留存收益，是企业税后利润的分配结果。因此，留存收益的变动及变动金额取决于企业的盈亏状况和企业利润分配政策。

一般说来，企业盈利，留存收益会增加；企业亏损，留存收益会减少。留存收益的增加有利于资本的保全、增强企业实力等。对其进行分析时应该注意了解留存收益的变动额、变动原因、变动趋势以及评价其变动的合理性。

特别提示

在阅读资产负债表时，有两点需要特别注意。

1. 非有形资产是否过多

非有形资产包括递延资产，递延税款，待摊费用，待处理流动资产和固定资产净损失，无形资产。如其过多则意味着可能：第一，资产质量低下，资本构成虚构；第二，公司可能把本期费用计入下期以粉饰当期利润。

2. 固定资产增长是否一直低于同行业水平

固定资产必须随着企业的发展而不断增长和更新，企业才能具有较强的竞争力。如果一直低于同行业水平，就会影响企业的竞争力。如果同时从损益表中查出企业销售停滞，而是靠出售固定资产或收回长期投资来弥补资金的流动性，则更表明公司处于失败的边缘。

第三章

掂量盈利——快速看懂利润表

利润表的核心内容是要列示各种收入与各项费用、成本相配比的结果。通过本章的阅读，我们可以认识企业利润表的作用、格式与内在逻辑及编制方法等，并通过利润表的分析可以了解企业一定期间的全部收入以及发生的全部费用和支出并可以计算出实现的利润。

学习导读：

◆掌握利润表的内容、作用、格式与内在逻辑

◆掌握利润表的编制方法

◆梳理利润表的收入、费用与利润分析方法

利润才是“王道”

利润表又称损益表或收益表，是反映企业在某一会计期间的经营成果的财务报表。它反映的经营成果是企业一定期间的收入与费用配比而形成的净收益（或净亏损）。有时利润表与利润分配表合并在一张报表，这时一般采用的标题是“利润和利润分配表”或“收益与留存收益表”。

◎利润表的内容

小故事：晋商乔家的发家史

山西商帮在明清时期称雄商界五个多世纪，发展了许多有名的晋商家族，乔家就是其中之一。

乔氏家族的始祖是乔贵发，从小木讷口拙，家境贫寒，备受乡邻的冷遇。他通过在一家商号里拉骆驼赚取了自己人生中的第一桶金。后与邻县一位姓秦的伙计结为异性兄弟，合伙经营创立复盛公，后秦氏衰败，商号成乔家所有。复盛公初以经营油粮米面为主，后经营范围逐渐涉及酒、估衣、钱庄等，并在包头开办了十几个复字号商铺，且逐渐向国内各商埠发展业务。

乔贵发有三子，长子全德，经营商业比较逊色；次子全义，其二子皆走向仕途；三子全美，生有二子，长子早逝，次子致庸。乔贵发打破了父传子的旧习，看中了孙子乔致庸的能力，晚年就把管理家业的大权交给了乔致庸。乔致庸是一位出类拔萃的人物，他经商有方，在他的精心经营下，乔家逐渐发展至鼎盛。他的票号生意可谓是享誉中外。

乔致庸有六子，有两子早逝，在他的眼中没有一个儿子可以继承家业，遂将家业传给孙子乔映霞。乔映霞力图振兴家业，并做出了一定成绩。乔家在清政府设立户部银行后开始衰败，转票号为钱庄。清王朝覆灭后，依附于清朝的乔家大受损失。

利润表的内容

乔家始祖乔贵发可谓经营有术，短短的几十年间就将自己几年拉骆驼积蓄的本钱翻了几十倍，利润可观。企业经营同样追求的是利润。那么如何知道企业这一年是否有盈利，赚不赚钱？赚了多少钱？这就需要编制利润表。下面首先了解一下利润表的相关概念。

如果说资产负债表是企业的底子，那么利润表就是企业的面子。从理论上讲，利润表是以“收入－费用＝利润”的会计公式为基础而设计的一张财务报表。企业在一定会计期间的营业收入与营业费用，按权责发生制的原则进行相互配比，就计算出了当期利润。“利润”是企业在一定期间生产经营成果的集中体现，也是企业计算缴纳所得税和进行利润分配的依据。

特别提示

收入项目主要有营业收入（包括主营业务收入和其他业务收入）、投资收益、营业外收入等；费用和损失项目主要有营业成本（包括主营业务成本和其他业务成本）、税金及附加、销售费用、管理费用、财务费用、营业外支出、所得税费用等。

◎利润表的作用

分析、评价企业的经营效率和效果

利润表综合反映了某一期间企业收入与费用方面的情况，由此可了解收益与成本耗费情况，并根据各项费用数额的大小，及相互间占总数的比率，可知费用开支的去向，以及为获取收入所耗费的代价（成本）。不言而喻，如对一企业收入与费用的来龙去脉，均有明确的了解，则对于企业在生产、经营、投资、筹资等各项活动中的管理效率和效益等都会有较全面而概括的认识，可以有助于考核生产经营计划的完成情况，考核企业经营管理人员的经营业绩和效率，从而有利于后续期间的生产、经营管理和策划。

作为正确决策的重要依据

企业管理者和外部利害关系集团根据利润表中各项目的相关因素及数据，进行成本、数量、利润分析，即可判明各项收入、成本与利润之间的比例关系，结合市场环境的实际，即可预测其消长变化趋势，进而可作为今后业务改进的着重点和制定未来投资决策的主要依据。

用来分析企业的获利能力

获利能力是指企业各项利润率的高低。利润表揭示了经营利润、投资净收益和营业外的收支净额的详细资料，通过利润表提供的不同时期的比较数字，可以分析企业正常经营情况下的收支情况及获利能力。例如，将利润表中税后净利的数字，与实际投资额相比较，即可求得投资报酬率，其计算公式如下：

投资报酬率 = 税后净利 ÷ 实际投资额

某一企业的投资报酬率越高，表示其获利能力越大；反之，则越小。比较分析一个企业不同时期，或同行业间各企业的投资报酬率的高低，及其增减变化的情况，即可确定该企业获利能力的大小，并可审慎预测其损益消长的趋势。

作为经营成果的分配依据

利润表反映企业在一定期间的营业收入、营业成本、营业费用以及税金及附加、各项期间费用和营业外收支等项目，最终计算出利润综合指标。利润表上的数据直接影响到许多相关集团的利益，如国家的税收收入、管理人员的奖金、职工的工资与其他报酬、股东的股利等。正是由于这方面的作用，利润表的地位曾经超过资产负债表，成为最重要的财务报表。

利润表的格式与内在逻辑

利润表的结构有多步式和单步式两种结构形式。我国一般采用多步式结构的利润表，分步骤计算利润。利润表的编制从企业的营业收入开始，采用多步式结构，从而可以得出一些中间性的利润数据，便于使用者理解企业经营成果的不同来源。

利润表的具体格式如图 3-1 所示。

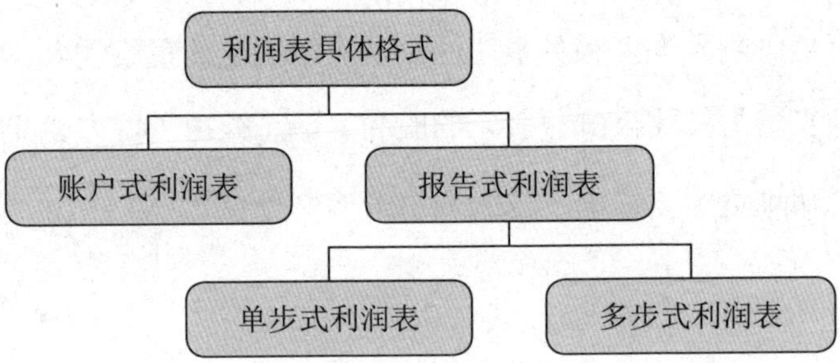

图 3-1 利润表具体格式

◎账户式利润表

账户式利润表总体结构就像账户一样，左方列示费用支出，右方列示收入。若有右方差额，则体现为利润；若有左方差额，则体现为亏损。其格式如表 3-1 所示。

表 3-1 账户式利润表

费用支出	收入
…	…
…	…
合计：	合计：
差额（亏损）：	差额（收益）：

◎单步式利润表

单步式利润表，是将当期企业所有收入（包括投资收益和营业外收入）及所有费用（包括资产减值损失和营业外支出）分别汇总，两者相减而一次得出本期收益或亏损的利润表格式。单步式利润表基本格式如表 3-2 所示。

表 3-2 单步式利润表

编制单位： 年 月 日	单位：元	
项目	本期金额	上期金额
一、收入		
营业收入		
公允价值变动收益（损失以负号填列）		
投资收益（损失以负号填列）		
补贴收入		
营业外收入		
收入合计		
二、费用		
营业成本		
税金及附加		
销售费用		
管理费用		
财务费用		
营业外支出		
所得税		
费用合计		
三、净利润（净亏损以负号填列）		

单步式利润表对一切收入和费用、支出一视同仁，不分彼此先后，可避免使人误认为收入与费用的配比有先后顺序。其缺点是一些有意义的中间信息，如销售毛利、营业利润、利润总额等均未直接反映，不便于分析利润的形成结构，也不利于不同时期各种项目的前后比较。

在我国，单步式利润表主要用于那些业务比较简单的服务咨询行业和某些实行企业化管理的事业单位。

◎多步式利润表

多步式利润表，是将利润表的内容按照企业利润的构成要素，分四步计算企业的利润（或亏损），如图 3-2 所示。

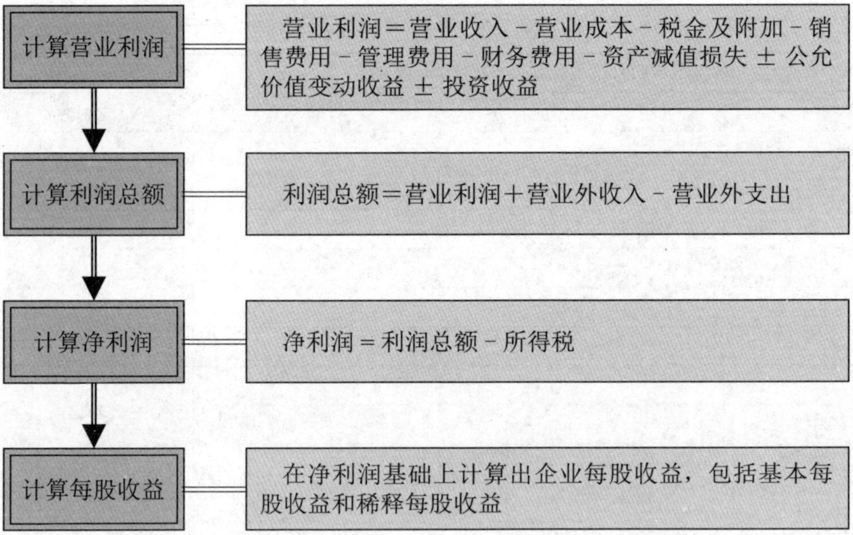

图 3-2 多步式利润计算步骤图

多步式利润表其基本格式如表 3-3 所示。

表 3-3　多步式利润表

年　月　日　　　　单位：　元

项目	本期金额	上期金额
一、营业收入		
减：营业成本		
税金及附加		
销售费用		
管理费用		
财务费用		
资产减值损失		
加：公允价值变动收益（损失以负号填列）		
投资收益（损失以负号填列）		
二、营业利润（亏损以负号填列）		
加：营业外收入		
减：营业外支出		
其中：非流动资产处置损失		
三、利润总额（亏损以负号填列）		
减：所得税费用		
四、净利润（亏损以负号填列）		
五、每股收益		
（一）基本每股收益		
（二）稀释每股收益		

从上述多步式利润表的基本格式不难看出，它将主营业务活动和非主营业务活动分开列示，将成本和费用与相应的收入进行分别配比，得出一些中间利润指标，如营业利润、利润总额和净利润等数据，这样既便于对企业利润构成进行分析，明了盈利的主要因素是什么（或亏损的主要原因是什么），使管理更具针对性，同时也有利于不同企业之间进行比较，还可以预测企业未来的盈利能力。

利润表的编制方法

编制利润表，要按照我国企业利润表的格式要求，表中一般设有“上期金额”和“本期金额”两栏，具体应做到：

（1）“上期金额”栏反映各项目上期（月、季或半年）的实际发生数。

（2）“本期金额”栏反映各项目的本期（月、季或半年）实际发生数。

◎利润表中“上期金额”填列

利润表中的“上期金额”栏内各项数字，应根据上年度利润表“本期金额”栏内所列数字填列。如果上年度利润表规定的各个项目的名称和内容同本年度不相一致，应对上年度利润表各项目的名称和数字按本年度的规定进行调整，填入本表“上期金额”栏内。

◎利润表中“本期金额”填列

利润表中“本期金额”栏内各项数字反映的内容如表3-4所示。

表3-4　利润表各项目的填列方法

项目	填列方法
营业收入	根据“主营业务收入”和“其他业务收入”科目的发生额分析填列
营业成本	根据“主营业务成本”和“其他业务成本”科目的发生额分析填列
税金及附加	根据“税金及附加”科目的发生额分析填列
销售费用	根据“销售费用”科目的发生额分析填列
管理费用	根据“管理费用”科目的发生额分析填列
财务费用	根据“财务费用”科目的发生额分析填列

续表

项目	填列方法
资产减值损失	根据资产减值损失账户本期发生额分析填列，即根据该账户期末结转本年利润账户数额填列
公允价值变动收益	根据公允价值变动损益账户本期发生额分析填列，即根据该账户期末结转本年利润账户数额填列
投资收益	根据“投资收益”科目的发生额分析填列
营业利润	反映企业实现的营业利润，根据前列相关项目计算后填列
营业外收入和营业外支出	分别根据“营业外收入”科目和“营业外支出”科目分析填列
利润总额	根据前列相关项目计算后填列，如为亏损，本项目以“－”号填列
所得税	根据“所得税费用”科目的发生额分析填列
净利润	根据“利润总额”项目减“所得税”项目后填列，如出现亏损，以“—”号填列
基本每股收益和稀释每股收益	根据每股收益准则的规定计算的金额填列

◎利润表编制实例

下面通过一个例子对利润表的具体编制方法进行说明。

【例3-1】君泰公司2019年度有关损益类科目本年实际发生数如表所示。

损益类科目2019年度实际发生额

编制单位：　　　　20×× 年 ×× 月

科目名称	借方金额 / 元	贷方金额 / 元
主营业务收入		1875000
主营业务成本	1125000	
税金及附加	3000	
销售费用	30000	
管理费用	235650	
财务费用	62250	
资产减值损失	46350	
投资收益		47250
营业外收入		75000

续表

科目名称	借方金额 / 元	贷方金额 / 元
营业外支出	29550	
所得税费用	127950	

根据上述资料，编制君泰公司2019年度利润表，如表所示。

君泰公司2019年度利润表

年　月　日

项目	本期金额 / 元	上期金额（略）
一、营业收入	1875000	
减：营业成本	1125000	
税金及附加	3000	
销售费用	30000	
管理费用	235650	
财务费用	62250	
资产减值损失	46350	
加：公允价值变动收益（损失以负号填列）	0	
投资收益（损失以负号填列）	47250	
汇兑收益（损失以负号填列）	0	
资产处置损益（损失以负号填列）	0	
二、营业利润（亏损以负号填列）	420000	
加：营业外收入	75000	
减：营业外支出	29550	
其中：非流动资产处置损失	略	
三、利润总额（亏损以负号填列）	465450	
减：所得税费用	127950	
四、净利润（亏损以负号填列）	337500	
五、每股收益	略	
（一）基本每股收益	略	
（二）稀释每股收益		

算清公司的成长账：利润表的收入分析

收入是指企业在日常活动中形成的、会导致所有者权益增加的、与所有者投入资本无关的经济利益的总流入。这里所指的收入通常就是营业收入。

◎利润表中收入的分类

利润表中有四项表示收入，即营业收入、公允价值变动收益、投资收益和营业外收入等，下面就来简单介绍一下这些收入。

1．营业收入

营业收入是企业从事销售商品、提供劳务和让渡资产使用权等日常经营业务过程中所形成的经济利益的总流入，通俗地说就是卖出去的产品应该从客户那儿收回多少钱。营业收入的分类如图 3-3 所示。

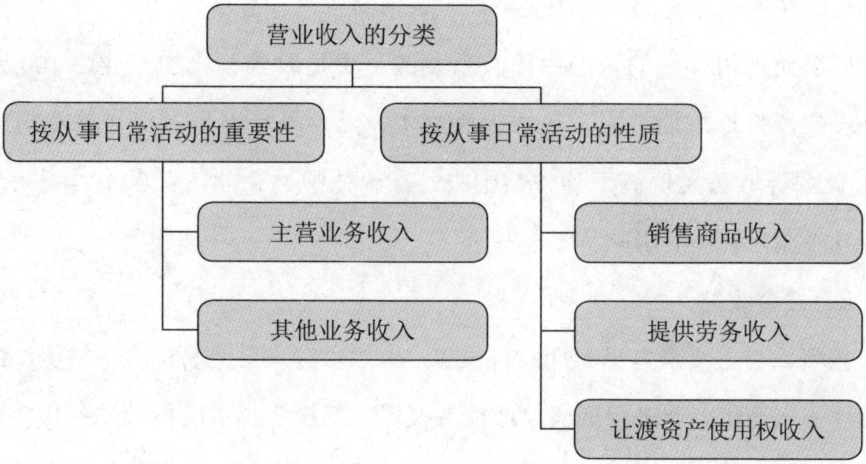

图 3-3 营业收入的分类

营业收入的分类对分析经营成果非常有益，如果企业的收入主要来自营业收入，营业收入又主要是主营业务收入，则说明企业的经营是稳定的；如果企业的利润大多来自非营业收入，即使当年利润再高，企业的经营都可能不稳定，也可能存在较大的风险。

以前的利润表把收入分成主营业务收入和其他业务收入，我们能很明显地看出来主营业务和其他业务的收入有多少；现在的利润表把业务收入不分主次，一律放在营业收入里了。一种解释是说现在很多企业实行多元化发展，各种业务的地位差不多，所以就不分主次了。

2．公允价值变动收益

所谓公允价值，是指在公平交易中，熟悉市场情况的交易双方自愿进行资产交换或者债务清偿的金额计量。公允价值变动收益是新的企业会计准则颁布之后增加的一个项目，核算的是资产或负债因公允价值变动而形成的收益。

产生公允价值变动收益的项目有交易性金融资产、负债以及按公允价值计量的投资性房地产。在交易性金融资产中，衍生金融工具非常重要，因此一般单独披露。在分析的时候应该结合资产负债表中的交易性金融资产、交易性金融负债和投资性房地产等相关资产、负债科目进行分析。

以公允价值计量的资产中比较重要的一块是股票。比如企业用100元买了些股票，打算短期持有，第二天涨到120元，没有出售，那么这多出来的20元就要计入公允价值变动收益中去。在一些中小企业，可以不考虑公允价值变动收益对利润的影响。

3．投资收益

投资收益主要来自于长期股权投资，当然也有来自交易性金融性资产的。金融性资产是指企业进行的股票或债券投资，其投资收益的持续性和稳定性不强，所以我们暂且把投资收益看成是来自长期股权投资。长期股权投资是指通过投资取得被投资单位的股份，简单来说就是控股或者参股其他企业。如果你的企业没有对其他企业进行股权投资，那么就不会产生该项投资收益，也就不用关心这个项目了。

4．资产处置损益

资产处置损益是新增加的会计科目，主要用来核算固定资产，无形资产，在建工程等因出售，转让等原因，产生的处置利得或损失。资产处置损益影响利润总额，直接计入当期损益的利得或损失。

5．营业外收入

营业外收入是指与企业生产经营活动没有直接关系的各种收入。它不是由企业经营资金耗费而产生的，不需要企业付出代价，实际上是一种纯收入，因此不可能也不需要与有关费用进行配比。比如罚款收入、固定资产盘盈、处置固定资产获得的净收益等。

在利润表中，营业收入占收入的比重最大，营业收入是企业利润的主要来源，营业收入的高低可以反映企业的经营规模和市场地位。因此，下面我们将着重讲述营业收入的确认与分析。

◎营业收入的确认

营业收入确认是指企业在销售商品、提供劳务及让渡资产使用权等日常活动中所形成的经济利益流入在何时入账，并在利润表上反映的问题。收入准则规定了各类收入的确认标准。企业在运用收入的确认标准时，应根据交易的实质进行判断。

销售商品收入的确认

按照我国《企业会计准则——收入》的规定，销售商品收入同时满足下

列条件的，才能予以确认。（如图 3-4 所示）

1. 企业已将商品所有权上的主要风险和报酬转移给购货方
2. 企业既没有保留与所有权相联系的继续管理权，也没有对已售出的商品实施有效控制
3. 收入的金额能够可靠地计量
4. 相关的经济利益很可能流入企业
5. 相关的已发生或将发生的成本能够可靠地计量

图 3-4　销售商品收入的确认条件

提供劳务收入的确认

劳务可以分为跨年度劳务和不跨年度劳务。对于在同一会计年度内开始并完成的劳务，应在劳务完成时确认收入；对于开始和完成分属于不同会计年度的劳务，应在资产负债表日，视提供劳务的结果能够可靠估计，采用完工百分比法确认收入。

提供劳务的结果能够可靠地估计，是指同时满足以下条件。如图 3-5 所示。

1. 收入的金额能够可靠地计量
2. 相关的经济利益很可能流入企业
3. 交易的完工进度能够可靠地确定
4. 交易中已发生和将发生的成本能够可靠地计量

图 3-5　提供劳务收入的确认条件

企业在资产负债表日提供劳务交易结果不能够可靠估计的，应当分别按下列情况处理。如图 3-6 所示。

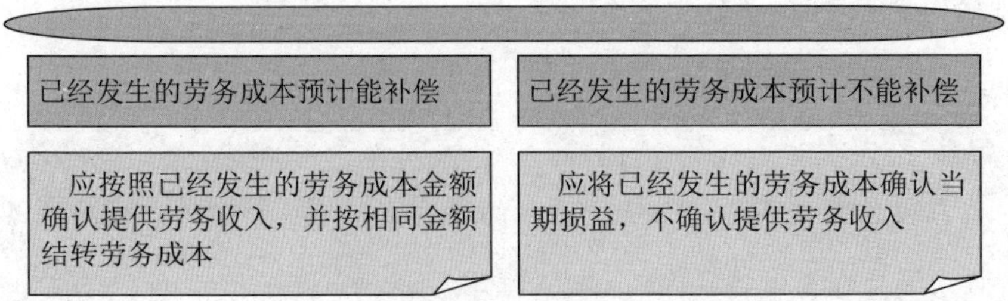

图 3-6　提供劳务交易结果不能够可靠估计的处理

让渡资产使用权形成的收入的确认

让渡资产使用权形成的收入主要包括利息收入 (不含债券利息收入) 以及因他人使用本企业的无形资产等而收取的使用费收入。让渡资产使用权形成的收入，只有符合下列两项基本条件时才可确认：一是相关的经济利益很可能流入企业；二是收入的金额能够可靠地计量。

特别 提 示

在具体进行收入确认分析时，应在明确收入内涵的基础上，着重注意以下几点：

（1）收入确认时间合法性分析。即分析本期收入与前期收入或后期收入的界限是否清晰；

（2）特殊情况下企业收入的确认分析。例如，商品需要安装或检验时收入的确认、附有销售退回条件的销售商品收入的确认等；

（3）收入确认方法合理性分析。例如，对完工百分比法的条件与估计方法是否合理等的分析。

注意

在提供他人使用本企业资产收入的确认上只有可计量性或账款的可回收性方面不存在重大的不确定性时，才应予以确认。

（1）利息。根据放款的本金和应用利率等因素，按时间比例确认；

（2）使用费。根据协议的相关条款按权责发生制确认；

（3）股利（不按权益法核算的）。在股东领取股利的权利确立时予以确认。

◎营业收入的分析

营业收入是形成公司收入和利润的主力和源泉，营业收入分析主要包括以下几项内容：

分析营业收入的来源

营业收入来源是指企业营业收入来自哪些业务领域，分析企业营业收入来源，有助于正确评价企业的盈利能力，对于多元化经营的企业尤为重要。分析营业收入来源的最常用的方法是使用饼形图直观显示。

【例 3-2】 2019 年某电器公司营业收入的饼形图如图所示。

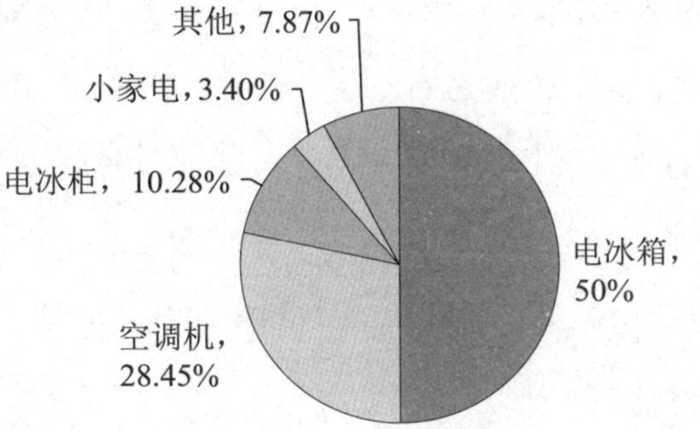

某电器公司营业收入来源

从图中可以看出，2019年该公司的营业收入主要来自销售电冰箱的收入，其次是销售空调机的收入，电冰柜和小家电等销售所占比重很小。

营业收入构成的分析

营业收入的构成分析可以按产品分析，也可以按销售地区分析。

【例3-3】某公司营业收入产品构成分析表如表所示。

某公司营业收入产品构成分析表

公司营业收入产品构成分析表

产品类别	绝对数 （万元）		比重（ % ）	
	2018年	2017年	2018年	2017年
A产品	7896.45	7756.77	46.96	50.7
B产品	5600.22	4355.32	33.33	28.47
C产品	1323	1110.1	7.87	7.26
D产品	698	678.6	4.15	4.44
E产品	1299	1398.98	7.72	9.14
合计	16816.67	15299.77	100.00	100.00

如表所示的数据说明，该公司销售的产品以A产品和B产品为主，这两个产品的销售额占总销售额的80%左右，这一信息可帮助我们确定公司的真正行业归属，因为，同行业，生产的具体产品不一样，一些财务分析指标就会有不同的表现，找生产同类产品的企业进行比较才有意义；另外，影响公司的市场因素也会有不同的影响程度，如影响D产品生产的因素对公司就不会产生多大的影响，虽然都属于同行业。

分析营业收入的持续性

按企业营业收入种类或部门分析收入的稳定性、持续性和发展趋势，有助于正确评价企业总体的盈利能力。常用的分析方法有以下两种，如图3-7所示。

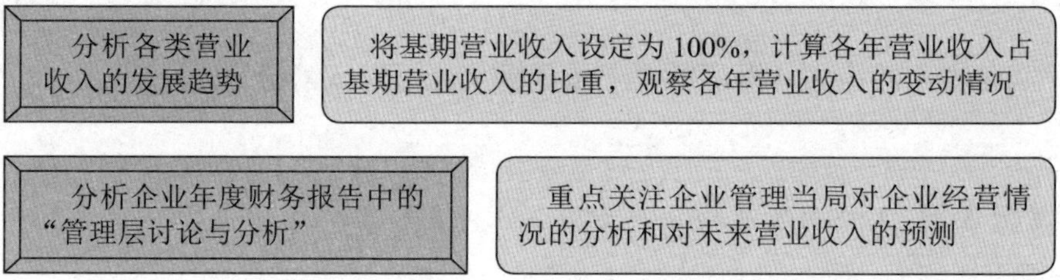

图3-7　营业收入持续性分析的方法

由于证监会对财务报告中“管理层讨论与分析”的内容和披露方式有具体要求，因此可以保证本部分内容具有可靠性，这些信息有助于报表使用者理解包括营业收入在内的财务数据所发生的变化，评价企业盈利能力的可持续性。

营业收入与应收账款关系的分析

现代企业之间的商品交易大多采用商业信用方式，因此应收账款往往与营业收入相伴而生。如果企业不能按时收回应收账款，一方面造成现金紧缺，影响企业资金周转；另一方面会增加资金占用成本，甚至发生坏账损失，直接减少当期利润。因此在评价企业盈利能力时，需要关注应收账款与营业收入的关系。如果发现应收账款的增长比例超过营业收入，应分析其原因。可能的原因有：企业放宽赊销政策，延长赊销期限或扩大赊销对象，或者企业只顾扩大销售而忽视了货款的催收工作等。这些情况有的会对未来营业收入产生有利影响，也有的会产生不利影响，分析时应给予足够的重视，并与企业的经营战略结合起来进行评价。

【例 3-4】 华龙公司 2016 年至 2020 年的营业收入和应收账款如表所示。

2016 年至 2020 年营业收入和应收账款

项目	2016 年	2017 年	2018 年	2019 年	2020 年
营业收入（万元）	702137.88	713338.42	737436.66	761655.18	793588.29
变动百分比（%）	—	1.60	3.38	3.28	4.19
应收账款（万元）	33512.23	34116.89	32583.50	35159.40	32731.82
变动百分比（%）	—	1.80	-4.49	7.91	-6.90

应收账款在 2018 年和 2020 年的变动与营业收入呈反方向变动，这种反向的关系我们应该继续查找原因，过松或过紧的信用政策都不适合企业收入增加，应该将这两者进行平衡。

花销多少：利润表的费用解析

前面我们介绍了利润表中的收入项目，知道企业当期收到多少钱，但这些收入并不等于企业的利润，还要减去相应的成本费用才能得出企业的利润。所以说，只有开源节流才能实现利润的最大化，收入是源头，成本费用就如同流水，企业赚不赚钱，就要看收入项目是不是大于成本费用项目了。

◎利润表中费用的分类

费用是指企业在日常活动中发生的会导致所有者权益减少的、与向所有者分配利润无关的经济利益的总流出。在利润表中，费用按其性质进行列示主要包括以下几种，如图3-8所示。

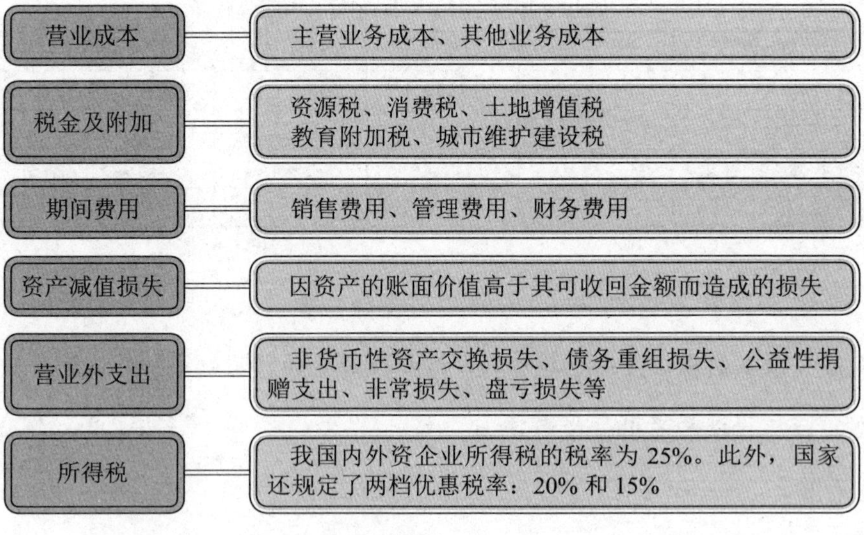

图3-8 利润表中费用的分类

◎利润表中费用的内容

营业成本分析

营业成本是指与营业收入相关的已经确定了归属对象的成本。营业成本有不同的表现形式：在制造业或工业企业，营业成本表现为已售产品的生产成本；在商品流通企业，营业成本表现为已销商品的成本。

从企业利润的形成过程来看，企业的营业收入减去营业成本后的余额为毛利，企业必须有毛利，才有可能形成营业利润。因此，追求一定规模的毛利和较高的毛利率是企业的普遍心态，也是企业信息使用者的普遍心理期望。

特别提示

必须指出，企业的营业成本水平的高低，既有企业不可控的因素(如受市场因素的影响而产生的价格波动)，也有企业可以控制的因素(如在一定的市场价格水平条件下,企业可以通过选择供货渠道、批量采购等来控制成本水平)，因此，对营业成本降低和提高的质量评价，应结合多种因素来进行。

税金及附加分析

税金及附加反映企业经营主要业务应负担的消费税、城市维护建设税、资源税、土地增值税和教育税附加等。应该注意的是，税金及附加中不包括增值税。由于增值税是价外税，所以企业所缴纳的增值税在利润表中是反映不出来的。

期间费用分析

期间费用是指企业本期发生的、不能直接或间接归入营业成本，而是直接计入当期损益的各项费用，包括以下三种。如图 3-9 所示。

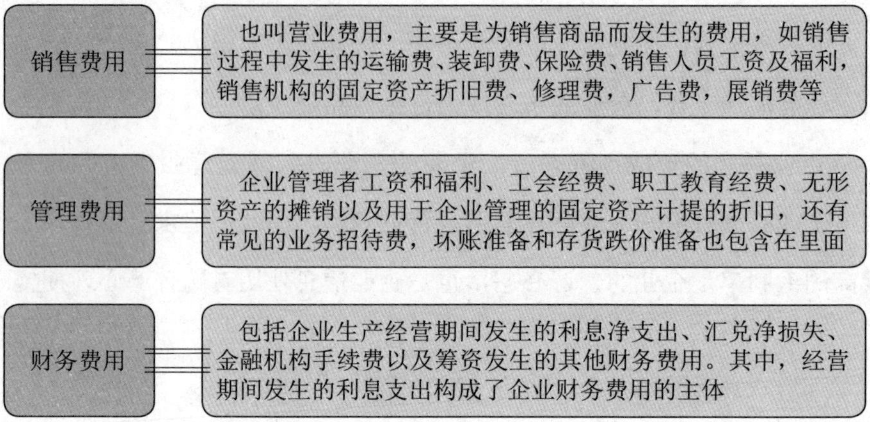

图 3-9 期间费用内容

一般来说，随着企业销售收入的增加，销售费用、管理费用一般也会增加，这个比较好理解。尽管企业对销售费用、管理费用可以采取控制或降低等措施，但过于片面追求在一定时期的销售、管理费用的降低，有可能对企业发展不利，或者影响有关人员的积极性。另外，折旧费、摊销费等是企业以前各个会计期间已经支出的费用，不存在控制其支出规模的问题，对这类费用的处理更多地受企业会计政策的影响。

至于企业财务费用（主要是贷款利率）支出，由于企业利率水平主要受一定时期资本市场上利率的升降而波动。因此我们不应对企业因贷款利率的宏观下调而出现的财务费用降低给予过高的评价。

资产减值损失

资产减值损失主要是由固定资产、无形资产以及除特别规定外的其他资产减值造成的。比如通信行业里一些设备过时了，账面价值比实际价值高很多，在这种情况下，就要确认资产减值损失。例如某公司在2019年计提了15亿元的坏账准备，它的应收账款是20亿元，如果不提坏账准备，应收账款应该是35亿元，资产负债表中就会虚增一大笔资产。

计提资产减值损失反映了会计里的谨慎性原则：不高估资产，不低估负债。不过，由于资产减值损失金额带有一定的主观性：同样的一件资产，有人认为减值20元是合理的，还有人认为减值30元也说得过去。所以这里就成了盈余管理、利润操纵的重灾区。实践中，规模不大的中小企业进行报表分析时可以忽略这个项目。

营业外支出

营业外支出是和营业外收入相对应的一个概念，与企业正常经营业务没有直接关系，但是应从企业实现的利润总额中扣除的支出。常见的营业外支出有固定资产盘亏、报废、毁损和出售的净损失，公益救济性的捐赠，赔偿金和违约金等。对该项目的分析主要是通过各具体项目的比较，说明营业外支出净额变动究竟是由哪些项目引起的。营业外支出的分析，可以补充说明企业的管理水平对于促进和加强财务管理、减少不必要的损失有着重要意义。

营业外支出分析的详细程度，应视实际发生的情况而定。分析时，应根据营业外支出明细表以及有关具体核算资料，按照有关文件规定，分析其合法性和合理性。在分析时要特别注意一些项目是否有异常变化。

所得税费用

核算企业负担的所得税，在不存在递延所得税的情况下，其数额等于当期应交的所得税。由于会计核算与税法规定存在一定的差异，企业的所得税费用与应交所得税可能会存在一些差异。企业在所得税方面的节约，属于企业税务筹划的范畴，与企业常规的费用控制明显不同。

◎利润表中费用的分析

了解了利润表中成本、费用、税金项目的构成，我们还要懂得如何对这些项目进行科学的分析判断，才能更好地了解利润表。

首先，要对成本费用的结构进行分析，就是说，各项费用的项目占营业收入的百分之几，这些费用的发生是否合理，这对于企业的经营者来说尤其重要，对于那些不合理的费用，就要刨根问底，查明原因。同时，还要看费用的各个项目的内容，看它们有什么样的增减变化，以此来判断这个公司的管理水平和财务状况。

其次，要对成本费用的变动趋势进行分析，分析看看各个项目的增减变动趋势，以此判定企业的管理水平和财务状况，预测企业的发展前景。

特别提示

在这些项目分析中，我们应着重分析营业成本项目，尤其要看营业成本在增长的同时，营业收入是否也在增加，如果不是这样，则说明企业的成本管理问题很大，需要整改。其次是要看销售费用、管理费用和财务费用这几项期间费用的支出情况，如果变动合理，且能保持在一定范围内，就说明该公司的发展状况较理想，如果能够合理地做到将期间费用降低，就说明该公司的未来发展趋势显著。这些项目的确认、计算出来的数据直接关系到企业的利润。

在分析本类项目的时候，首先要注意的就是每个成本、费用、税金项目下包含的内容是否适当，确认费用应贯彻权责发生制原则、历史成本原则、划分收益性支出与资本性支出的原则等。

利润几何：利润表的利润分析

前面我们了解了利润表中收入和费用等项目，下面就要说到我们最关心的利润项目了。利润的概念很容易理解，简单来说就是收入减去成本。利润表中的利润项目有三个：营业利润、利润总额和净利润。

◎利润表中营业利润分析

营业利润是企业正常经营活动所产生的税前利润，正数为营业利润，负数为营业亏损。其计算公式为：

营业利润 = 营业收入 – 营业成本 – 税金及附加 – 销售费用 – 管理费用 – 财务费用 – 资产减值损失 ± 公允价值变动收益 ± 投资收益 ± 资产处置损益

营业利润或营业亏损代表着企业的经营成果，是预测企业未来盈利能力的重要信息。企业营业利润的多少，代表了企业的总体经营管理水平和效果。通常营业利润越大的企业，效益越好。

营业利润是一个很重要的项目，但应该注意的是，营业利润中包括了四个特殊项目，即资产减值损失、公允价值变动损益、投资收益和资产处置损益。资产减值损失具有一次性特点；公允价值变动损益则属于未实现收益，具有很大的波动性；投资收益包括有价证券买卖损益和企业的长期股权投资的损益。资产处置损益是固定资产，无形资产，在建工程等因出售，转让等原因，产生的处置利得或损失。分析时，应当根据具体情况加以调整。

◎利润表中利润总额分析

利润表中还有一项是利润总额，利润总额也称为税前利润，是指企业在营业活动、投资活动以及其他企业活动中所实现的利润。该项目涵盖了企业全部活动的收入和支出，可用于衡量企业的综合效益。其计算公式为：

利润总额 = 营业利润 + 营业外收入 – 营业外支出

应当注意的是，利润总额所包含的损益项目最全，是一定时期企业利润额的完整表现。如果利润总额是负数，说明该企业一年经营下来，其收入还抵不上成本开支及应缴的相关税费，这就是我们通常所说的亏本了。如果利润总额为零，说明企业一年的收入正好与支出相等，企业经营不亏不赚，这就是通常所说的盈亏平衡。如果利润总额大于零，呈现正数，说明企业一年的收入大于支出，这就是通常所说的企业盈利，赚钱了。

◎利润表中净利润分析

利润表中最后一项是净利润，是指企业当期利润总额减去向国家交纳的所得税以后的余额，即企业的税后利润。净利润是一个企业经营的最终成果，是衡量一个企业经营效益的主要指标。其计算公式为：

净利润 = 利润总额 – 所得税费用

净利润是公司的净利，属于所有者权益，构成利润分配的对象。在其他条件不变的情况下，净利润越大，企业盈利能力越强，成绩越好。从表面上看，它是收入与费用的差额，但实际上它还反映了企业产品产量及质量、品种结构、营销等方面的问题，因此，一定程度上反映了企业的经营管理水平。

将净利润与营业收入比较，可以从企业经营角度评价企业的盈利能力；将净利润与所有者权益比较，可以从股东角度评价企业的盈利能力；将不同时期的净利润进行比较，观察其变动情况，可以评价企业的发展趋势；分析净利润的构成，了解营业利润对净利润的影响，可以评价企业净利润的质量和持续性。

【例 3-5】 某公司为一般纳税人，一年的营业收入为 3900 万元，总共购进了 1.8 万台家用电器，平均每台家用电器的不含税进价为 1500 元，员工一年的工资支出 120 万元，房屋租赁等开支为 420 万元，增值税税率为 13%（本题不考虑附加税），则这家电器商店一年的总成本为：

总成本 = 家用电器的总进价 + 员工工资 + 房屋租赁费用 =1.8×1500+120+420=3240（万元）

本月应交增值税 = 收入 × 增值税率 – 总进价 × 增值税率 =3900×13%–1.8×1500×13%=156（万元）

则这家电器商店的利润总额为：

利润总额 = 总收入 – 总成本 =3900–3240=660（万元）

当所得税率为 25% 时，其净利润为：

净利润 = 利润总额 – 所得税费用

所得税费用 =660×25%=165（万元）

净利润 =660–165=495（万元）

◎利润表中利润构成分析

利润构成分析是指对企业利润总额中的各项内容的贡献份额进行分析，这对判别企业利润的真实性及成长性极有帮助。利润构成分析采用结构百分比法，分析相关项目之间的勾稽关系，可以获取大量的有用信息。如图3-10所示。

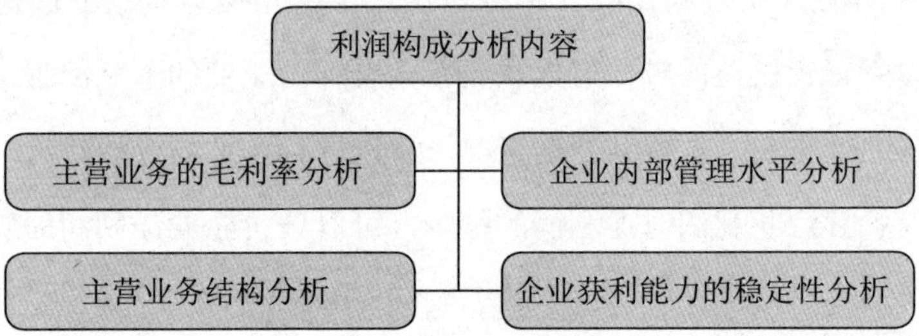

图3-10 利润构成分析内容

1. 主营业务的毛利率分析

通过“主营业务利润”与“主营业务收入”相比较，可以了解到企业主营业务的毛利率，借此了解到企业的产品或劳务的技术含量和市场竞争力。

2. 主营业务结构分析

通过“主营业务利润”与“其他业务利润”相比较，可以了解到企业的主营业务是否突出，并借此对企业未来获利能力的稳定性做出相应的判断。例如，某企业2017年利润表中“主营业务利润”和“其他业务利润”分别为539.36万元和1111.98万元，出现了主营利润小于其他业务利润的异常现象，这就为其2018年的巨额亏损提供了重要预警信号。

3. 企业内部管理水平分析

通过“营业费用”“管理费用”和“财务费用”与“主营业务利润”相比较，则可分别了解到企业销售部门、管理部门的内部管理水平、工作效率以及企业融资业务的合理性。再通过企业之间的横向比较及企业前后会计期间的纵向比较，进一步挖掘企业降低“营业费用”“管理费用”的潜力，提高其工作效率，并对企业的融资行为作出审慎安排。

4．企业获利能力的稳定性分析

通过营业利润、投资收益、补贴收入、营业外收入、营业外支出与利润总额相比较，可以对企业获利能力的稳定性及可靠性做出基本的判断。即只有企业的营业利润占利润总额的比重较大时，企业的获利能力才较稳定、可靠。

我们将企业的利润表按照其收益来源构成划分为营业利润、投资收益、营业外业务收入（营业外业务收入＝补贴收入＋营业外收入－营业外支出），通过上述收益的划分，我们将企业的利润构成情况大致分为以下六种类型，从而可以进一步详细判定企业盈利能力的稳定性。如表 3-6 所示。

表 3-6　企业利润构成情况分析

当期收益情况	具体表现	分析结果
当期收益为正	企业的营业利润、投资收益、营业外业务都为正，或者营业利润大于 0、投资收益大于 0、营业外业务收入小于 0	企业的盈利能力比较稳定，状况比较好
当期收益为负数	营业利润、投资收益为正，而营业外业务亏损多	虽然企业利润为负，但是系由于企业的营业外收支所导致，构不成企业的经常性利润，所以，并不影响企业的盈利能力状况，这种亏损状况是暂时的
当期收益小于 0	营业利润大于 0，投资收益、营业外业务收入小于 0，致使营业利润＋投资收益小于 0	企业盈利情况比较差，投资业务失利导致企业的营业利润比较差，企业的盈利能力不够稳定
	营业利润小于 0，投资收益小于 0，营业外业务收入小于 0	企业的盈利状况非常差，企业的财务状况值得担忧
当期收益大于 0	营业利润小于 0，投资收益大于 0，营业外业务收入大于 0	企业的利润水平依赖于企业的投资业务和营业外业务，其投资项目的好坏直接关系到企业的盈利能力，投资者应该关注其项目收益的稳定性
	营业利润小于 0，投资收益小于 0，营业外业务收入大于 0	企业的盈利状况很差，虽然当年盈利，但是其经营依赖于企业的营业外收支，持续下去甚至有导致企业破产的可能

特别提示

利润表水平分析表的编制方法是将利润表的实际数值和基数（一般是前一年）进行比较，以揭示收入、成本费用和利润的变动差异和产生原因。在编制过程中，既需要计算各指标的变动额，也需要计算各指标的变动率，为公司优化产业结构、进行战略调整指明方向。利润表附表可在会计报表附注中找到。

利润表的垂直分析

利润表垂直分析，是通过计算利润表中各项目占营业收入的比重，分析说明公司各项利润和成本费用的结构及其增减变化的合理程度。

利润表垂直分析表的编制与资产负债表垂直分析表基本一致。主要区别在于：

第一，在资产负债表垂直分析表中，被表示成100%的项目是资产负债表的最后一行，即总资产或总负债和所有者权益；而在利润表垂直分析表中，被表示成100%的项目是利润表的第一行，即营业收入；

第二，利润表中最后第五项每股收益是每股指标，而营业收入是总量指标，两者之间缺乏可比性；因此，利润表垂直分析表中不包括利润表的所有项目，而资产负债表的垂直分析表包括资产负债表中的所有项目。

第四章

现金为王——快速看懂现金流量表

现金流量表必须报告企业所有影响现金流量的交易。通过本章的阅读，我们可以认识到为什么现金流比利润更重要，知晓现金流量表的格式、计算与填列方法等，明晰现金流量表的平衡关系，并能够掌握现金流量表的各种分析方法，从而对企业现金余额变化了然于胸。

学习导读：

◆掌握现金流量表的格式

◆明晰现金流量表的计算与填列

◆梳理现金流量表的编制方法

◆掌握现金流量表的平衡关系

◆掌握现金流量表的分析方法

现金流比利润更重要

现金流对于企业，就像血液对于人体，只有血液充足且流动顺畅，人体才会健康，良性现金流可以使企业健康成长。企业若没有充足的现金就无法运转，更无法实现企业价值最大化。

◎现金流量表的现金是什么

小故事：巨人倒塌引发的现金流思考

曾经红遍全国的巨人集团，2年内销售额近4亿元，却在不到4年的时间里破产了。导致集团陷入绝境的一个重要原因就是现金流。巨人集团投资房地产，用超出自己能力十几倍的资金投资建造巨人大厦，其间频繁出现现金短缺，最终造成了巨人的陨落。

成功的企业各不一样，但失败的企业大体相同。这些辉煌一时的企业的失败有一个共同的直接原因，即财务资源耗尽，资金链断裂。

发达国家的统计数字表明，85%的企业破产倒闭的原因不是因为亏损，而是因为现金不足。对于初创企业来说，在收入没有回来之前，必须准备足够的资金来养活团队，一直支撑到公司产生销售收入、产生现金流流入。如果自筹资金不足以支撑到那一天，那么创业者就必须要知道哪一天公司的现金流会中断，并且在那一天到来之前找到投资人，让投资款流进公司的账上，这样才能保持创业公司细水长流、香火不断。

听别人的故事，思考自己的前途，我们关注一个企业，就不得不关注企业的现金流状况。因为只有拥有足够的现金，企业才能买到生产用的材料和人力；只有拥有足够的现金，企业才能投资项目，以钱生钱。

什么是现金流量表

有的企业盈利能力非常强，利润表做出来之后也非常漂亮，但是很多这种企业却往往因为“资金链”崩裂而倒闭了。这是因为资产负债表和利润表是基于权责发生制编制的，因此提供的信息也是不充分的。比如企业产品销售状况良好，在利润表上以大额的主营业务收入显示出来，但实际上，企业并没有收到现金而是以长期应收账款的形式体现。这时候，如果企业外部环境发生变化或者个别债务人违约，就很有可能造成公司现金流短缺，增加了公司财务风险。

因此，为了更好地反映企业的支付能力、偿债能力和周转能力，使经营者了解现金流量的影响因素，就需要编制现金流量表。现金流量表披露了企业在一定期间内现金（包括现金等价物）的流入、流出，以及期初和期末现金结余的状况，便于信息使用者了解净利润的质量。

现金流量表同资产负债表、利润表一起，构成公司的三大主要会计报表。在对现金流量表进一步分析解说之前，必须首先对“现金”和“现金流量”概念加以明确。

“现金流量表”中所指的现金一般涵盖以下四项内容，如图 4-1 所示。

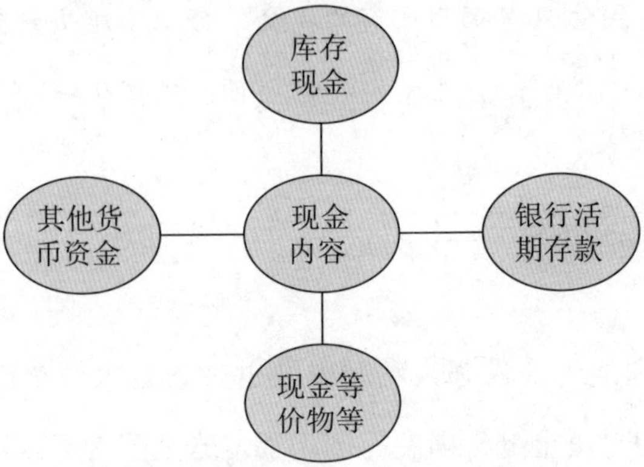

图 4-1 现金流量表中现金涵盖的内容

其中，现金等价物是指短期高流动性的票据、证券投资等，通常变现期不超过 3 个月，由于这类投资易于转换为已知金额的现金，价格变动风险很小，其支付能力与现金的差别不大。常见的现金等价物如 3 个月之内到期的国债、企业债券、商业票据等。企业为了保证支付能力，必须持有一定量的现金，为了不使现金闲置，企业通常会购置短期债券等低风险、高流动性的证券。在现金流量表中，这类投资被视为现金一样对待。

企业应该根据经营特点的具体情况，确定现金等价物的范围，并将这种划分标准作为一项会计政策加以一贯性的保持，在会计报表附注中对现金等价物的划分标准进行披露。

应该注意的是，并不是所有短期投资都是现金等价物，要划归为现金等价物，一项证券投资必须满足期限短（通常 3 个月以内到期）、流动性强、易于转换成已知金额的现金、并且价值变动风险很小四个条件。

◎现金流量表的三大组成部分

现金流量表中的全部现金流量变动可分为三类：经营活动现金流、投资活动现金流和融资活动现金流。如图 4-2 所示给出了现金流量表各部分所包含的典型现金流入与流出项目。

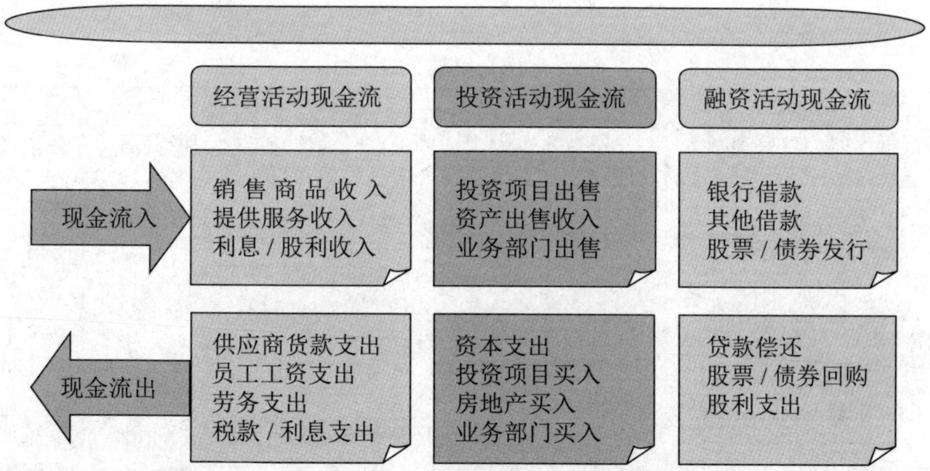

图 4-2 现金流量表的三大组成部分

现金流量表的三部分内容中经营活动现金流最为重要，因为经营现金流是公司实际经营业务所创造的，全面反映了公司的经营活动情况。由于企业对于如何报告现金流量往往拥有很大的自由裁量权，也即公司可自由解释现金流量表中“各种项目应该出现的地方”。因此某些管理层为粉饰一幅美好经营前景，就会将来自其他活动的现金流入转为最重要的经营活动现金流入，将最重要的经营活动现金流出转为不太重要的投资活动及融资活动现金流。

◎现金流量表的作用

现金流量表通过企业经营活动、投资活动、融资活动的现金流入和流出情况，说明企业经营业务获取现金、偿还债务、支付股利和利息的能力，通过对表中各项目增减情况的分析，可以说明企业各环节的经营成果。因此是开展现金经营与股利分配的有效工具。其主要作用表现在以下六个方面，如表 4-1 所示。

表 4-1 现金流量表的作用

作用	具体说明
能够对企业一定期间内现金流入和流出的原因做出分析	现金流量表将现金流量划分为经营活动、投资活动和融资活动所产生的现金流量，并按照流入现金和流出现金项目分别反映
能揭示企业当前的偿债能力和支付能力	通过现金流量表能够了解企业现金流入的构成，分析企业偿债和支付能力，增强投资者的投资信心和债权人收回债权的信心
	通过现金流量表，投资者和债权人可了解企业获取现金的能力和现金偿付的能力，从而使有限的社会资源流向最能产生效益的地方
可以对企业未来获取现金的能力做出分析	通过现金流量表及其他财务信息，可以分析企业未来获取或支付现金的能力
	如企业通过银行借款筹得资金，从本期现金流量表中反映为现金流入，但却意味着未来偿还借款时要流出现金
可以分析企业投资和理财活动对经营成果和财务状况的影响	现金流量表提供一定时期现金流入和流出的动态财务信息
	表明企业在报告期内由经营活动、投资和融资活动获得多少现金
	企业获得的这些现金是如何运用的
	能够说明资产、负债、净资产变动的原因
能够提供不涉及现金的投资和融资活动的信息	反映企业与现金有关的投资和融资活动
	通过补充资料方式提供不涉及现金的投资和融资活动方面的信息
	使会计报表使用者或阅读者能够全面了解和分析企业的投资和融资活动
便于和国际惯例相协调	目前不少经济发达国家如美国、英国、澳大利亚等都要求企业编制现金流量表
	现金流量表将对开展跨国经营、境外融资、加强国际经济合作起到积极的作用

现金流量表的格式

现金流量表采用垂直报告式的结构，分类反映经营活动、投资活动和融资活动产生的现金流量，最后汇总反映企业现金及现金等价物净增加额。在有外币现金流量及境外子公司的现金流量折算为人民币的企业，还应单设“汇率变动对现金及现金等价物的影响”项目。

◎现金流量表的表头

现金流量表全表共由表头、基本内容和补充材料三部分内容组成。其中表头和其他财务报表一样，要包括以下内容，如图 4-3 所示。

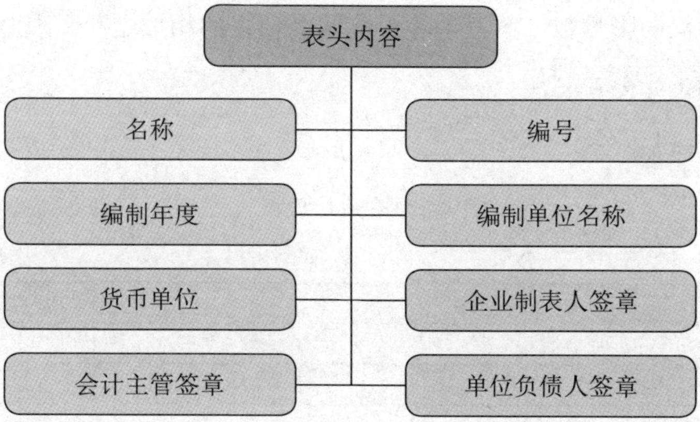

图 4-3 现金流量表表头内容

◎现金流量表的基本内容

现金流量表正表所反映的基本内容共包括五个项目，如图 4-4 所示。

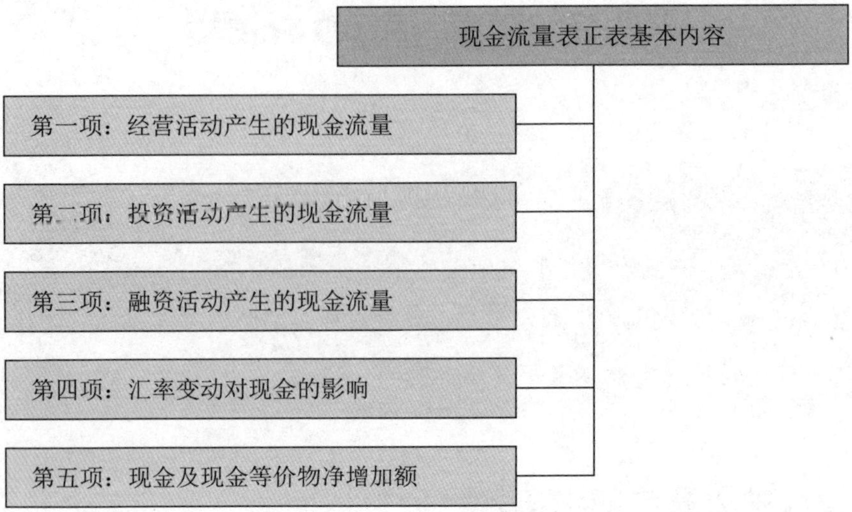

图 4-4 现金流量表正表构成

现金流量表第四项反映了企业持有的外币现金由于汇率变动而产生的折算为人民币金额的影响数；第五项等于前四个项目的相加之和。现金流量表正表基本格式如表 4-2 所示。

表 4-2 现金流量正表

编制单位：　　　　　　　　公司　　　　　　年　　　　　　　　金额单位：元

项目	金额
一、经营活动产生的现金流量	
销售商品、提供劳务收到的现金	
收到的税费返还	
收到的其他与经营活动有关的现金	
现金流入小计	
购买商品、接受劳务支付的现金	
支付给职工以及为职工支付的现金	
支付的各项税费	
支付的其他与经营活动有关的现金	
现金流出小计	

续表

项目	金额
经营活动产生的现金流量净额	
二、投资活动产生的现金流量	
收回投资所收到的现金	
取得投资收益所收到的现金	
处置固定资产、无形资产和其他长期资产而收回的现金净额	
收到的其他与投资活动有关的现金	
现金流入小计	
购建固定资产、无形资产和其他长期资产所支付的现金	
投资所支付的现金	
支付的其他与投资活动有关的现金	
现金流出小计	
投资活动产生的现金流量净额	
三、融资活动产生的现金流量	
吸收投资所收到的现金	
借款所收到的现金	
收到的其他与筹资活动有关的现金	
现金流入小计	
偿还债务所支付的现金	
分配股利、利润或偿付利息所支付的现金	
支付的其他与筹资活动有关的现金	
现金流出小计	
筹资活动产生的现金流量净额	
四、汇率变动对现金的影响	
五、现金及现金等价物净增加额	

◎现金流量表的补充资料

现金流量表补充资料的具体内容如图 4-5 所示。

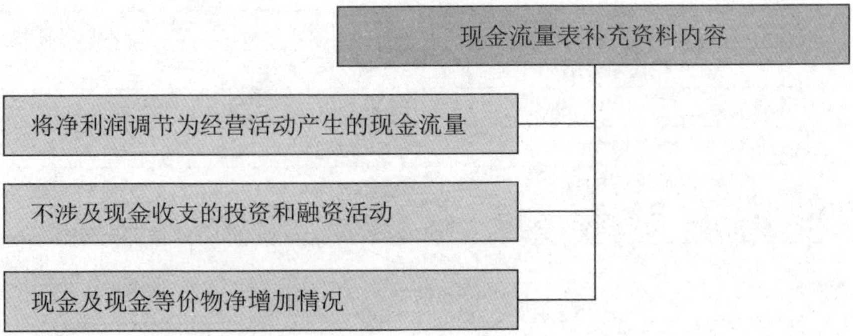

图 4-5 现金流量表的补充资料内容

不涉及现金收支的投资和融资活动，但却是企业重要的理财活动，且可能会对后期的现金收支产生重要的影响，所以需要在现金流量表附表中列示。现金流量表附表如表 4-3 所示。

表 4-3 现金流量表附表

补 充 资 料	本期金额	上期金额
1．将净利润调节为经营活动现金流量：		
净利润		
加：计提的资产减值准备		
固定资产折旧		
无形资产摊销		
长期待摊费用摊销		
待摊费用减少（减：增加）		
预提费用增加（减：减少）		
处置固定资产、无形资产和其他长期资产的损失（减：收益）		
固定资产报废损失		
财务费用		
投资损失（减：收益）		
递延税款贷项（减：借项）		
存货的减少（减：增加）		
经营性应收项目的减少（减：增加）		
经营性应收项目的增加（减：减少）		

续表

补 充 资 料	本期金额	上期金额
其他		
经营活动产生的现金流量净额		
2．不涉及现金收支的投资和融资活动：		
债务转为资本		
一年内到期的可转换公司债券		
融资租入固定资产		
3．现金及现金等价物净增加情况：		
现金的期末余额		
减：现金的期初余额		
加：现金等价物的期末余额		
减：现金等价物的期初余额		
现金及现金等价物净增加额		

现金流量表中相关项目之间存在一定的钩稽关系，比如，正表第一项经营活动产生的现金流量净额应等于补充资料第一项经营活动产生的现金流量净额；正表第五项现金及等价物净增加额应等于补充资料第三项中的现金及等价物净增加额，尽管它们计算依据不同：正表的数字是流入与流出的差额，补充资料中的数字是期末数与期初数的差额。

现金流量表的计算与填列

现金流量表的编制不同于资产负债表和利润表，企业的账户体系一般是按照资产负债表和利润表项目设立，填表时可根据账户的期末余额或发生额直接填列，或经过分析后计算填列，相对来说比较简单。但现金流量表项目一般无法从账户中直接得到相关数据，必须借助一定的方法进行计算后填列。

◎经营活动现金流量的计算与填列

经营活动现金流入的计算

经营活动现金流入计算公式如图 4-6 所示。

销售商品、提供劳务收到的现金

＝本期销售商品、提供劳务收到的现金＋本期收到前期的应收账款和应收票据＋本期预收账款－本期销售本期退回而支付的现金＋本期收回前期核销的坏账损失

收到的税费返还

＝企业收到返还的增值税、所得税、消费税、教育费附加返还款等各种税费

收到的其他与投资活动有关的现金

＝企业收到的罚款收入、经营租赁收到的租金等

图 4-6 经营活动现金流入的计算公式

需要注意的是，企业销售材料和代购代销业务收到的现金，也在现金流量表中“销售商品、提供劳务收到的现金”项目中反映。

经营活动现金流出的计算

经营活动现金流出的计算公式如图 4-7 所示。

购买商品、接受劳务支付的现金

=本期购买商品、接受劳务实际支付的现金+本期支付前期的应收账款和应付票据+本期预付账款-本期因购货退回收到的现金

支付给职工以及为职工支付的现金

=本期实际支付给职工的工资、奖金、各种津贴和补贴等职工薪酬+为职工支付的其他费用

支付的各项税费

=本期发生、支付的税费+本期支付以前各期发生的税费+预交的税费（不包括计入固定资产价值、实际支付的耕地占用税，也不包括本期退回的增值税、所得税。本期退回的增值税、所得税，在“收到的税费返还”项目中反映。）

支付的其他与经营活动有关的现金

=支付的罚款支出+差旅费+业务招待费+保险费+经营租赁费等

图 4-7 经营活动现金流出的计算公式

现金流量表中“支付给职工以及为职工支付的现金”不包括支付的离退休人员的各项费用和支付给在建工程人员的工资等。支付的离退休人员的各项费用，包括支付的统筹退休金以及未参加统筹的退休人员的费用，在“支付的其他与经营活动有关的现金”项目中反映；支付的在建工程人员的工资，在“购

建固定资产、无形资产和其他长期资产所支付的现金”项目中反映。

需要注意的是，企业为职工支付的养老、失业等社会保险基金、补充养老保险，支付给职工的住房困难补助，企业为职工交纳的商业保险金，企业支付给职工或为职工支付的其他福利费用等，应根据职工的工作性质和服务对象，分别在“购建固定资产、无形资产和其他长期资产所支付的现金”和“支付给职工以及为职工支付的现金”项目中反映。

◎投资活动现金流量的计算与填列

投资活动，是指企业长期资产的购建和不包括在现金等价物范围内的投资及其处置活动。这里所指的长期资产是指固定资产、在建工程、无形资产、其他长期资产等持有期限在一年或一个营业周期以上的资产。这里之所以将“包括在现金等价物范围内的投资”排除在外，是因为已经将其视同现金。

投资活动现金流入的计算

投资活动现金流入的计算公式如图 4-8 所示。

收回投资所收到的现金

=出售、转让或到期收回除现金等价物以外的交易性金融资产、长期股权投资而收到的现金+收回长期债权投资本金而收到的现金（注：长期债权投资收回的利息和收回的非现金资产除外）

取得投资收益所收到的现金

=因股权性投资而分得的现金股利+从子公司、联营企业或合营企业分回利润而收到的现金+因债权性投资而取得的现金利息收入

处置固定资产、无形资产和其他长期资产而收回的现金净额

=出售、报废固定资产、无形资产和其他长期资产所取得的现金-为处置这些资产而支付的有关费用

收到的其他与经营活动有关的现金

本项目反映企业除了上述各项以外，收到的其他与投资活动有关的现金流入。其他现金流入如金额较大的，应单列项目反映

图 4-8 投资活动现金流入的计算公式

由于自然灾害所造成的固定资产等长期资产损失而收到的保险赔偿收入，一般在“处置固定资产、无形资产和其他长期资产而收回的现金净额”项目中反映。

投资活动现金流出的计算

投资活动现金流出的计算公式如图 4-9 所示。

购建固定资产、无形资产和其他长期资产所支付的现金

=购建固定资产、取得无形资产和其他长期资产所支付的现金及增值税款+支付的应由在建工程和无形资产负担的职工薪酬现金支出

投资所支付的现金

=取得的除现金等价物以外的权益性投资和债权性投资所支付的现金+支付的佣金、手续费等附加费用

支付的其他与投资活动有关的现金

=企业除上述外支付的其他与投资活动有关的现金流出

图 4-9 投资活动现金流出的计算公式

现金流量表“购建固定资产、无形资产和其他长期资产所支付的现金”项目中不包括企业为购建固定资产而发生的借款利息资本化的部分，以及融资租入固定资产支付的租赁费，借款利息和融资租入固定资产支付的租赁费，以上费用应在筹资活动产生的现金流量中反映。

◎融资活动现金流量的计算与填列

融资活动，是指导致企业资本及债务规模和构成发生变化的活动。

融资活动现金流入的计算

融资活动现金流入的计算公式如图 4-10 所示。

吸收投资所收到的现金

= 企业以发行股票、债券等方式筹集资金实际收到的款项 - 直接支付给金融企业的佣金、手续费、印刷费等发行费用

借款所收到的现金

= 企业举借各种短期、长期借款而收到的现金

收到的其他与筹资活动有关的现金

= 除上述各项目外，收到的其他与融资活动有关的现金，如接受现金捐赠等。其他现金流入如金额较大的，应单列项目反映

图 4-10 融资活动现金流入的计算公式

以发行股票、债券等方式筹集资金而由企业直接支付的审计、咨询等费用，在“支付其他与融资活动有关的现金”项目反映，不从本项目内减去。

融资活动现金流出的计算

融资活动现金流出的计算公式如图 4-11 所示。

偿还债务所支付的现金

= 企业以现金偿还债务的本金

分配股利、利润或偿付利息所支付的现金

= 企业实际支付的现金股利、利润、借款利息和债券利息

支付的其他与筹资活动有关的现金

除了上述各项外，支付的其他与融资活动有关的现金，如捐赠现金支出、融资租入固定资产支付的租赁费等。其他现金流出如金额较大的，应单列项目反映

图 4-11 融资活动现金流出的计算公式

涉及外币经济业务的企业，在编制现金流量表时，应当将企业外币现金流量以及境外子公司的现金流量折算为人民币。汇率变动对现金的影响，指企业外币现金流量及境外子公司的现金流量折算为人民币时，所采用的是现金流量发生日的汇率或平均汇率，而现金流量表最后一行“现金及现金等价物净增加额”中外币现金净增加额是按期末汇率折算的，这两者的差额即为汇率变动对现金的影响。

在编制现金流量表时，对当期发生的外币业务，也可不必逐笔计算汇率变动对现金的影响，可以通过报表附注中“现金及现金等价物净增加额”数额与报表中“经营活动产生的现金流量净额”“投资活动产生的现金流量净额”“筹资活动产生的现金流量净额”三项之和比较，其差额即为“汇率变动对现金的影响额”。

◎现金流量表补充资料的计算与填列

现金流量表附表的各项目金额是相应会计账户的当期发生额或期末与期初余额的差额。它是现金流量表中不可或缺的一部分，其项目可以直接取相应会计账户的发生额或余额，具体内容如表 4-4 所示。

表 4-4 现金流量附表填列方法

项目	填列方法
净利润	根据利润表净利润数填列
计提的资产减值准备	取“管理费用”账户所属“计提的坏账准备”及“计提的存货跌价准备”“营业外支出”账户所属“计提的固定资产减值准备”“计提的在建工程减值准备”“计提的无形资产减值准备”“投资收益”账户所属“计提的短期投资跌价准备”“计提的长期投资减值准备”等明细账户的借方发生额

续表

项目	填列方法
固定资产折旧	取“制造费用”“管理费用”“营业费用”“其他业务支出”等账户所属的“折旧费”明细账户借方发生额
无形资产摊销	取“管理费用”等账户所属“无形资产摊销”明细账户借方发生额
长期待摊费用摊销	取“制造费用”“营业费用”“管理费用”等账户所属“长期待摊费用摊销”明细账户借方发生额
待摊费用减少	取“待摊费用”账户的期初、期末余额的差额
预提费用增加	取“预提费用”账户的期末、期初余额的差额
处置固定资产、无形资产和其他长期资产的损失	取“资产处置损益”“营业外收入”“营业外支出”“其他业务收入”“其他业务支出”等账户所属“处置固定资产净收益”“处置固定资产净损失”“出售无形资产收益”“出售无形资产损失”等明细账户的借方发生额与贷方发生额的差额
固定资产报废损失	取“营业外支出”账户所属“固定资产盘亏”明细账户借方发生额与“营业外收入”账户所属“固定资产盘盈”贷方发生额的差额
财务费用	取“财务费用”账户所属“利息支出”明细账户借方发生额，不包括“利息收入”等其他明细账户发生额
投资损失	取“投资收益”账户借方发生额，但不包括“计提的短期投资跌价准备”“计提的长期投资减值准备”明细账户发生额
递延税款贷项	取“递延税款”账户期末、期初余额的差额
存货的减少	取与经营活动有关的“原材料”“库存商品”“生产成本”等所有存货账户的期初、期末余额的差额
经营性应收项目的减少	取与经营活动有关的“应收账款”“其他应收款”“预付账款”等账户的期初、期末余额的差额
经营性应付项目的增加	取与经营活动有关的“应付账款”“预收账款”“应付工资”“应付福利费”“应交税金”“其他应交款”“其他应付款”等账户的期末、期初余额的差额
债务转为资本、1年内到期的可转换公司债券、融资租入固定资产	直接根据“失收资本”“应付债券——可转换公司债券”“长期应付款——应付融资租赁贷款”等账户分析填列
现金及现金等价物情况	“现金”及“现金等价物”的数据填列

现金流量表的编制方法

在编制现金流量表时，企业可以采用工作底稿法，也可以采用T形账户法，还可以根据有关账户记录分析填列。财政部颁布的《企业会计准则——现金流量表》推荐采用工作底稿法和T形账户法编制现金流量表。

◎工作底稿法

工作底稿法就是以工作底稿为手段，以利润表和资产负债表的数据为基础，对每一项目进行分析并编制调整分录后，登入工作底稿，通过工作底稿编制现金流量表的方法。

工作底稿蓝本

工作底稿蓝本如表4-5所示。

表4-5 工作底稿蓝本

项目	本期数	调整分录	
		借方	贷方
一、资产负债表项目			
二、利润表项目			

续表

项目	本期数	调整分录	
		借方	贷方
三、现金流量表项目			
调整分录合计			

工作底稿法编制现金流量表的步骤

采用工作底稿法编制现金流表的步骤如图 4-12 所示。

1　将资产负债表期初数和期末数过入工作底稿的期初数栏和期末数栏，将利润表本期金额过入工作底稿的期末数栏

2　对当期业务进行分析并编制调整分录

3　将调整分录过入工作底稿中的调整分录借方栏和贷方栏

4　核对调整分录，借贷合计应当相等，资产负债表项目期初数加减调整分录中的借贷金额以后，应当等于期末数；利润表栏目中，收入类的贷方调整数与费用、成本类的借方调整数，应与期末栏中的期末发生数相符

5　根据工作底稿中现金流量表项目的期末数，编制正式的现金流量表

图 4-12 工作底稿法编制现金流量表的步骤

调整分录时，要以利润表项目为基础，从“主营业务收入”开始，结合资产负债表项目逐一进行分析。调整分录大体有这样几类：第一类涉及利润表中的收入、成本和费用项目以及资产负债表中的资产、负债及所有者权益项目，通过调整，将权责发生制下的收入费用转换为现金基础；第二类是涉及资产负

债表和现金流量表中的投资、筹资项目，反映投资和筹资活动的现金流量；第三类是涉及利润表和现金流量表中的投资和筹资项目，目的是将利润表中有关投资和筹资方面的收入和费用列入现金流量表投资、筹资现金流量中去。此外，还有一些调整分录并不涉及现金收支，只是为了核对资产负债表项目的期末期初变动。

在调整分录中，有关现金和现金等价物的事项，并不直接借记或贷记现金，而是分别计入“经营活动产生的现金流量”“投资活动产生的现金流量”“筹资活动产生的现金流量”有关项目，借方表示现金流入，贷方表示现金流出。

◎T型账户法

该法是以T型账户为手段，以利润表和资产负债表数据为基础，对每一项目进行分析并编制调整分录，从而编制出现金流量表。

根据不同的用途，T型账户可以分为两大类：第一类是为所有的非现金项目分别开设T型账户，所有的非现金项目是指除“货币资金”项目以外的资产负债表及利润表的其余项目。对每个项目开出T型账户后，即将其项目的期末期初变动数过入各该账户。

第二类是为“货币资金”及现金等价物的短期债券投资开设一个大的“现金及现金等价物”T型账。每边分为经营活动、投资活动和融资活动三个部分，左边记现金流入，右边记现金流出。与其他账户一样，过入期末期初变动数。

采用T型账户法编制现金流量表的步骤如图4-13所示。

1 为所有的非现金项目分别开设 T 型账户，并将各自的期末期初变动数过入各该科目

2 开设一个大的“现金及现金等价物”T 型账户，每边分为经营活动、投资活动和融资活动三部分，左边记现金流入，右边记现金流出，于其他账户一样，过入期末起初变动数

3 以利润表项目为基础，结合资产负债表分析每一个非现金项目的增减变动，据此编制调整分录

4 将调整分录过入各 T 型账户，并进行核对，其余额应与原先过入的期末期初变动数一致

5 根据大的“现金及现金等价物”T 型账户编制正式现金流量表

图 4-13 采用 T 型账户法编制现金流量表的步骤

◎现金流量表编制实例

【例 4-1】 九龙公司利润表、资产负债表及其他相关资料如下：

资料一：九龙公司 2018 年末资产负债表有关项目的明细资料。

（1）银行存款期末余额 1406300 元。

（2）应付账款期末余额 953800 元。

（3）应付票据期末余额 200000 元。

（4）应收账款期末余额 299100 元。

（5）应收票据期末余额 246000 元。

（6）存货期末余额 2580000 元。

（7）预付账款期末余额 100000 元。

（8）应付职工薪酬期末余额 110000 元。

资料二：九龙公司2019年度科目余额的明细资料。

（1）银行存款期末余额795435元。

（2）应付账款期末余额953800元。

（3）应付票据期末余额100000元。

（4）应收账款期末余额598200元。

（5）应收票据期末余额66000元。

（6）存货期末余额2484700元。

（7）预付账款期末余额100000元。

（8）应付职工薪酬期末余额180000元。

资料三：2019年度利润表有关项目的明细资料。

（1）主营业务收入1250000元。

（2）主营业务成本750000元。

（3） 税金及附加2000元。

（4） 销售费用20000元。

（5）管理费用的组成：职工薪酬17100元，无形资产摊销60000元，摊销印花税10000元．折旧费20000元，支付其他费用50000元。

（6）财务费用的组成：计提借款利息21500元，支付应收票据贴现利息20000元。

（7）资产减值损失的组成：计提坏账准备900元，计提固定资产减值准备30000元。上年年末坏账准备余额为900元。

（8）投资收益的组成：收到股息收入30000元，与本金一起收回的交易性股票投资收益500元，自公允价值变动损益结转投资收益1000元。

（9）资产处置损益的组成：处置固定资产净收益50000元（其所处置固定资产原价为400000元，累计折旧为150000元，收到处置收入300000元。）假定不考虑与固定资产处置有关的税费。

（10）营业外支出的组成：报废固定资产净损失19700元（其所报废固定资产原价为200000元，累计折旧180000元，支付清理费用500元，收到残值收入800元）。

（11）所得税费用的组成：当期所得税费用为122496元，递延所得税收益9900元。

除上述项目外，利润表中的销售费用至期末尚未支付。

资料四：资产负债表有关项目的明细资料。

（1）本期收回交易性股票投资本金15000元、公允价值变动1000元，同时实现投资收益500元。

（2）存货中生产成本、制造费用的组成：职工薪酬324900元，折旧费80000元。

（3）应交税费的组成：本期增值税进项税额42466元，增值税销项税额212500元，已交增值税100000元；应交所得税期末余额为20097元，应交所得税期初余额为0。应交税费期末数中应由在建工程负担的部分为100000元。

（4）应付职工薪酬的期初数无应付在建工程人员的部分，本期支付在建工程人员职工薪酬200000元。应付职工薪酬的期末数中应付在建工程人员的部分为28000元。

（5）应付利息均为短期借款利息，其中本期计提利息11500元，支付利息12500元。

（6）本期用现金购买固定资产101000元，购买工程物资150000元。

（7）本期用现金偿还短期借款250000元，偿还1年内到期的长期借款1000000元；借入长期借款400000元。

根据以上资料，采用分析填列的方法，编制九龙公司2019年度的现金流量表。

（1）九龙公司2019年度现金流量表各项目金额，分析确定如下：

①销售商品、提供劳务收到的现金

=主营业务收入＋销项税额＋（应收账款年初余额－应收账款期末余额）＋（应收票据年初余额－应收票据期末余额）－当期计提的坏账准备－票据贴现的利息

=1250000+212500+（299100-598200）+（246000-66000）-900-20000

=1322500（元）

②购买商品、接受劳务支付的现金

＝主营业务成本＋进项税额＋（存货年末余额-存货期初余额）＋（应付账款年初余额－应付账款期末余额）＋（应付票据年初余额－应付票据期末余额）＋（预付账款期末余额－预付账款年初余额）－当期列入生产成本、制造费用的职工薪酬－当期列入生产成本、制造费用的折旧费和固定资产修理费

=750000+42466+（2484700-2580000）+（953800-953800）+（200000-100000）+（100000-100000）-324900-80000＝392266（元）

③支付给职工以及为职工支付的现金

＝生产成本、制造费用、管理费用中职工薪酬＋（应付职工薪酬年初余额－应付职工薪酬期末余额）－［应付职工薪酬（在建工程）年初余额－应付职工薪酬（在建工程）期末余额］

＝324900+17100+（110000-180000）－（0-28000)＝300000（元）

④支付的各项税费

＝当期所得税费用＋税金及附加＋应交税费（增值税——已交税金）－（应交所得税期末余额－应交所得税期初余额）

＝122496+2000+100000-（20097-0）＝204399（元）

⑤支付其他与经营活动有关的现金＝销售费用＋其他管理费用

＝20000+50000＝70000（元）

⑥收回投资收到的现金＝处置长期股权投资收到的现金＋出售转让或到

期收回金融资产本金而收到的现金

＝16000+500＝16500（元）

⑦取得投资收益所收到的现金＝收到的股息收入＝30000（元）

⑧处置固定资产收回的现金净额＝300000+（800-500）＝300300（元）

⑨购建固定资产支付的现金＝用现金购买的固定资产、工程物资＋支付给在建工程人员的薪酬＝101000+150000+200000＝451000（元）

⑩取得借款所收到的现金＝400000（元）

⑪偿还债务支付的现金＝250000+1000000＝1250000（元）

⑫偿还利息支付的现金＝12500（元）

（2）将净利润调节为经营活动现金流量各项目计算分析如下：

①资产减值准备＝900+30000＝30900（元）

②固定资产折旧＝20000+80000＝100000（元）

③无形资产摊销＝60000（元）

④处置固定资产、无形资产和其他长期资产的损失（减：收益）＝-50000（元）

⑤固定资产报废损失＝19700（元）

⑥财务费用＝41500-20000=21500（元）

⑦投资损失（减：收益）＝-31500（元）

⑧递延所得税资产减少＝0-9900=-9900（元）

⑨存货的减少＝2580000-2484700=95300（元）

⑩经营性应收项目的减少＝(246000-66000)+(299100+900-598200-1800)＝-120000（元）

⑪经营性应付项目的增加＝（100000-200000）+（100000-100000）+[（180000-28000）-110000]＋[（226731-100000）-366001＝32131（元）

（3）根据上述数据，编制现金流量表及其现金流量附表（补充资料）。

现金流量表

编制单位：九龙公司　　2019 年　　金额单位：元

项目	金额
一、经营活动产生的现金流量	
销售商品、提供劳务收到的现金	1322500
收到的税费返还	
收到的其他与经营活动有关的现金	
现金流入小计	1322500
购买商品、接受劳务支付的现金	392266
支付给职工以及为职工支付的现金	300000
支付的各项税费	204399
支付的其他与经营活动有关的现金	70000
现金流出小计	966665
经营活动产生的现金流量净额	355835
二、投资活动产生的现金流量	
收回投资所收到的现金	16500
取得投资收益所收到的现金	30000
处置固定资产、无形资产和其他长期资产而收回的现金净额	300300
收到的其他与投资活动有关的现金	
现金流入小计	346800
购建固定资产、无形资产和其他长期资产所支付的现金	451000
投资所支付的现金	
支付的其他与投资活动有关的现金	
现金流出小计	451000
投资活动产生的现金流量净额	-104200
三、筹资活动产生的现金流量	
吸收投资所收到的现金	
借款所收到的现金	400000
收到的其他与筹资活动有关的现金	
现金流入小计	400000
偿还债务所支付的现金	1250000
分配股利、利润或偿付利息所支付的现金	12500
支付的其他与筹资活动有关的现金	
现金流出小计	1262500
筹资活动产生的现金流量净额	-862500
四、汇率变动对现金的影响	

续表

项目	金额
五、现金及现金等价物净增加额	-610865
加：期初现金及现金等价物余额	1406300
六、期末现金及现金等价物余额	795435

现金流量附表

补 充 资 料	本期金额	上期金额
1．将净利润调节为经营活动现金流量：		略
净利润	197704	
加：计提的资产减值准备	30900	
固定资产折旧	100000	
无形资产摊销	60000	
长期待摊费用摊销		
待摊费用减少（减：增加）		
预提费用增加（减：减少）		
处置固定资产、无形资产和其他长期资产的损失（减：收益）	-50000	
固定资产报废损失	19700	
财务费用	21500	
投资损失（减：收益）	-31500	
递延税款贷项（减：借项）	-9900	
存货的减少（减：增加）	95300	
经营性应收项目的减少（减：增加）	-120000	
经营性应付项目的增加（减：减少）	32131	
其他	10000	
经营活动产生的现金流量净额	355835	
2．不涉及现金收支的投资和融资活动：		
债务转为资本		
一年内到期的可转换公司债券		
融资租入固定资产		
3．现金及现金等价物净增加情况：		
现金的期末余额	795435	
减：现金的期初余额	1406300	
加：现金等价物的期末余额		
减：现金等价物的期初余额		
现金及现金等价物净增加额	-610865	

现金流量表的平衡关系

通过现金流量表结构及各项目的解读，我们会发现现金流量表内部数据间存在着一些平衡关系。再与前面的资产负债表、损益表结合，我们也发现它们之间也存在着某些联系。将这些关系揭示出来，不仅可以加深对现金流量表及资产负债表、损益表的认识，而且有利于我们从总体上把握财务报表，综合运用财务报表。

◎现金流量表内部的平衡关系

现金流量表内部数据上存在着以下平衡关系：

（1）各类项目均有："现金流入－现金流出＝现金流量净额"。在表中，不论是"经营活动产生的现金流量""投资活动产生的现金流量"还是"筹资活动产生的现金流量"，各大类项目内均满足"现金流入－现金流出＝现金流量净额"的等式。

（2）正表的各项的现金流量净额及汇率变动对现金的影响额之和等于"现金及现金等价物净增加额"。正表的第一项"经营活动产生的现金流量"计算的现金流量净额，加上第二项"投资活动产生的现金流量"计算的现金流量净额，加上第三项"筹资活动产生的现金流量"计算的现金流量净额，再加上第四项"汇率变动对现金流量的影响"必须等于第五项"现金及现金等价物净增加额"。

（3）正表的第一项"经营活动产生的现金流量净额"必须与补充资料中的"经营活动产生的现金流量净额"相等。两者所反映的均是经营活动产生的现金流量净额，正表采用的是直接法反映，补充资料采用的是间接法反映。

（4）正表的第五项“现金及现金等价物净增加额”必须与补充资料中的“现金及现金等价物净增加额”相等。前者是采用动态方式计算而得，即通过现金流入减现金流出的形式计算出的现金流量净额；后者是采用静态方式计算而得，即通过期末现金流量减期初现金流量的形式计算出的现金流量净额。

◎现金流量表与资产负债表的平衡关系

现金流量表与资产负债表的平衡关系如表 4-6 所示。

表 4-6 现金流量表与资产负债表的平衡关系

现金流量表项目	平衡关系	资产负债表项目
预收收入的增加 + 债务的增加	等于	流动负债合计项目的余额之差
长期负债增加	等于	长期负债合计项目的余额之差
资本的增加	等于	除未分配利润以外的股东权益合计的余额之差
（销货净收入 + 投资收益 + 营业外收入）-（经营费用总额 + 税金及附加 + 营业外支出 + 利润分配）	等于	未分配利润余额之差
长期投资的增加	等于	长期投资项目余额之差
无形、递延资产和其他资产的增加	等于	无形、递延资产和其他资产项目的余额之差
现金净流入总计 - 现金净流出总计 = 现金净流量	等于	货币资金项目的余额之差

◎现金流量表与利润表的平衡关系

（1）现金流量表补充资料中的“净利润”项目与年度利润表中的“净利润”项目的金额、符号均一致。

（2）在企业未计提短期投资跌价准备、长期投资减值准备的情况下，现金流量表补充资料中的“投资损失（减收益）”项目与年度利润表中的“投资收益”项目的金额相等，符号相反。

（3）在财务费用不包含商业票据贴现息等经营活动的情况下，现金流量表补充资料中的“财务费用”项目与年度利润表中的“财务费用”项目的金额相等，符号相同。

现金流量表的重点项目分析

由于现金流量表是基于收付实现制编制的，即是以现金及现金等价物的收付时间为确认标准：凡是当期收到或付出的款项，不论其相关具体业务行为的归属期间如何，一律作为当期的现金流入或流出量列示在现金流量表中，因此，现金流量表虽然编制比较烦琐，但阅读起来却比较简单易懂。

◎经营活动的现金流量分析

经营活动现金净流量是企业短期内最稳定最主动最可以寄予希望、维持企业经常性资金流转和扩大再生产的现金流量，是企业现金的首要来源，与净利润相比，经营现金流量能够更确切地反映企业的经营业绩。经营活动是企业最经常进行的活动，一般来说，经营活动现金净流量越大越好。

经营活动现金净流量与净利润的关系

经营活动现金流量是企业经营活动中发生的现金流入和流出，其净流量是企业现金的首要来源，与净利润相比，经营现金流量能够更确切地反映企业的经营业绩。由于净利润是按权责发生制原则计算出来的，如果应收款项金额过多，且长期难以回收，净利润也就只是账面盈利而已，没有任何实用价值。而经营现金流量则不同，当流量为正时，金额越多，资金就越充足，企业就有更多的资金用于扩大经营规模或偿还负债，反之，若企业的经营现金流量长期为负，必然难以支付日常开支，财务危机也将接踵而至。可见充足稳定的经营现金是企业生存发展的基本保证。

补充资料中的经营活动现金流量是采用间接法编制的，它从净利润出发，通过逆向调节，得到经营活动现金净流量。与正表一起，从不同角度来剖析经营活动现金流量的组成，一般来说，间接法下的经营活动现金流量由两部分构成：营运资本支出前的现金流量和营运资本项目(应收账款、存货、应付账款)对现金流量的影响。企业在营运资本投入的现金与企业的有关政策和经营状况是相关的，例如赊销政策决定应收账款水平，支付政策决定应付账款水平，销售政策决定存货水平。分析时应结合企业所在行业的特点、自身发展战略等来评价营运资本管理状况及其对现金流量的影响。

特别提示

企业可能获得了一定的利润，但是利润的质量如何呢？或者说利润是不是收到了相应的现金流？一个简单的判断如下：

企业的经营活动现金净流量≈企业的净利润＋折旧＋财务费用

如果经营活动现金净流量≧净利润＋折旧＋财务费用，就说明利润的质量高，获得了相应的现金流；如果经营活动现金净流量＜净利润＋折旧＋财务费用，则说明利润的质量存在一定的问题。

如果经营活动的现金净流量小于净利润，那说明利润质量较差；而对于有的企业业来说，如果净利润为正，而经营活动现金净流量为负，则说明该企业的资金运转可能存在问题，甚至可以怀疑该企业利润的真实性。

经营活动现金流量的质量分析

归纳起来，经营活动的现金净流量可能有以下五种情况，如表4-7所示。

表4-7 经营活动现金流量的质量分析

经营活动的现金净流量情形	经营活动的现金流量质量分析
＜0	说明企业现有的货币无法维持经营活动，需要通过其他活动进行补偿，如：消耗现存货币积累；挤占投资现金，推迟投资；额外贷款融资；拖延债务等。初创期企业出现这种“入不敷出”情况，当属正常；正常生产经营期间，出现这种情况，则说明企业经营活动现金流质量不高
＝0	说明企业现有的货币恰好能维持当前规模的经营活动，但没有剩余的资金购建新的固定资产和无形资产，使企业的再生产能力受到影响
＞0 但＜应计和摊销性费用	说明企业现有的货币恰好能维持当前规模的经营活动，并且只能部分补偿应计和摊销性费用。这里的应计和摊销性费用主要是指固定资产的折旧和无形资产的摊销
＞0 且＝应计和摊销性费用	可全部补偿应计和摊销性费用，但不能为扩大再生产提供货币，企业只能在当前的规模下经营
＞0 且＞应计和摊销性费用	说明企业不仅能进行正常的经营活动、补偿应计和摊销性费用，还能为企业扩大再生产提供部分资金。这种状况最为理想，但是要达到这种状态，企业就得多花些心思了

经营活动现金流量的操纵分析

企业对经营现金流量表的操纵主要是通过以下几种方式，如图 4-14 所示。

1. 利用应付项目，在改善应收账款余地已不大的情况下，将目标瞄准了应付项目
2. 应收票据贴现，应收票据贴现实质上是企业筹措资金的一种形式，并不能改善企业的获利能力和收益质量
3. 篡改现金流量性质，将筹资活动现金流入粉饰为经营活动现金流入，将经营活动支出放到投资活动中，将投资活动现金流入粉饰为经营活动现金流入等等
4. 企业为了避免年度会计报表中的经营现金净流量恶化，可让母公司或大股东在期末大量偿还应收账款甚至先行支付预付账款，在下期再将资金以多种形式返回给母公司或大股东

图 4-14 企业对经营现金流量表的操纵方式

◎投资活动的现金流量分析

投资活动现金流量是指企业长期资产的构建和不包括现金等价物范围在内的投资及其处置活动产生的现金流量。对于投资活动现金流量的分析目前还很难建立完善的指标体系来进行，但是我们可以通过比较投资活动现金流入量和流出量的大小并结合其他一些信息进行分析。

投资活动现金净流量小于零分析

投资活动现金流入量小于现金流出量时，现金流量表现为“入不敷出”，但不能据此简单做出判断。从企业的成长过程来看，如果企业处于开办阶段，

投资活动活跃，而现金回收极少，或者是由于企业处于不断增长阶段，不断挖掘利润增长点，扩大投资行为的结果。所以，面对投资活动的现金净流量小于零的企业，首先应当考虑的是该企业的投资活动是否符合其长期规划和短期计划，如果符合其长期规划和短期计划，这种情况表明了这是企业经营活动发展和企业扩张的内在需要，一般表明企业在扩张。

成功地投入会带来新利润；反之，可能是资金被套牢，运转不灵，甚至导致破产。所以，还要结合产品的市场潜力、产品定位、经济环境等因素进行分析，结合企业未来获利能力对投资活动现金流量的质量做出判断。

投资活动现金净流量大于分析

“投资活动现金净流量大于零”可能出于两种原因：一是企业的投资回收的资金大于投资的现金流出；二是由于企业迫于资金压力，处理在用的固定资产或者持有的长期投资等。

实际上在分析投资活动产生的现金流量时，还应该联系到融资活动产生的现金流量来综合考查，在经营活动产生的现金流量不变时，如果投资活动的现金净流出量主要依靠融资活动产生的现金净流入量来解决，这就说明公司的规模扩大主要是通过从外部筹资来完成的，这意味着该公司正在扩张。

◎融资活动的现金流量分析

融资活动是指导致企业资本及债务规模和结构发生变化的活动，包括吸收投资、发行股票、借入和偿还资金、分配利润等活动。如果该项的现金净流入量大幅增加，说明企业需要从外部大量筹集资金；如果融资活动的现金净流出量大幅度增加，则说明企业外部融资规模正在收缩。对于筹资活动现金流量质量的分析同样也可以通过比较筹资活动现金流入量与现金流出量的大小来进行分析。

融资活动现金净流量小于零分析

这种情况的出现或者是由于企业在本会计期间集中发生偿还债务、分配股利、偿付利息等业务，或者是因为企业经营活动与投资活动在现金流量方面运转较好，有能力完成上述各项支付。但是筹资活动现金净流量小于零也可能是企业在投资和企业扩张方面没有更多作为的一种表现。

融资活动现金净流量大于零分析

一般而言，处于开办阶段的公司是“饥渴的现金使用者”，各种投资活动活跃，而销售收回的现金极少，因而存在大量对外筹资需求；处于衰退阶段的公司由于盈利能力低，微薄的净利润等无法满足再投资所需的资金，为弥补现金流量不足，公司常常要举债筹资，从而出现大额的筹资活动产生的现金流入量。所以，分析企业筹资活动现金净流量大于零是否正常，首先要看筹资活动是否体现了企业的发展规划，是管理层以扩大投资和维持经营活动为目标的主动筹资行为，还是因为投资活动和经营活动的现金流出失控而进行的不得已的筹资行为；其次，要分析筹资活动现金流入对企业的影响是正面的还是负面影响。

需要说明的是影响现金流量质量的因素很多，除了考虑上述因素外，同时还应考虑公司所属行业的特点、公司主要产品所在的生命周期，并充分利用现金流量表外的其他相关资料进行分析，才能更恰当地评价上市公司现金流量的质量。

特别提示

现金流量表的水平分析是将若干年度的现金流量表汇集在一起，从较长时期观察和分析企业的现金流入与流出的变化及发展趋势的一种分析方法。通常可采用定基或环比的方法计算各个项目的百分比，然后将一定连续期间的百分比进行对比，以观察企业现金流量的变动规律和发展趋势，并通过各项目的增减变化分析其存在的问题，寻找原因，总结经验教训，便于下一步继续保持或加以改进。

现金流量表的垂直分析就是将现金流量表中某一项目的金额作为基数，然后计算该项目各个组成部分占其总体的比重，通过分析各项目的具体构成来分析现金流量的增减变动情况和发展趋势。现金流量的垂直分析包括现金流量内部结构分析、现金流入结构分析、现金流出结构分析等。

注 意

现金流量表的水平分析

现金流量表的水平分析是将若干年度的现金流量表汇集在一起，从较长时期观察和分析企业的现金流入与流出的变化及发展趋势的一种分析方法。通常可采用定基或环比的方法计算各个项目的百分比，然后将一定连续期间的百分比进行对比，以观察企业现金流量的变动规律和发展趋势，并通过各项目的增减变化分析其存在的问题，寻找原因，总结经验教训，便于下一步继续保持或加以改进。

现金流量表的垂直分析

现金流量表的垂直分析就是将现金流量表中某一项目的金额作为基数，然后计算该项目各个组成部分占其总体的比重，通过分析各项目的具体构成来分析现金流量的增减变动情况和发展趋势。现金流量的垂直分析包括现金流量内部结构分析、现金流入结构分析、现金流出结构分析等。

现金流量表的结构分析

现金流量表的结构分析，是指将现金流量表的各构成项目分别除以一定的基数，求出各项目现金流量所占总现金流量的比重，分析企业现金流入的主要来源和现金流出的方向，并评价现金流入流出对净现金流量的影响。现金流量的结构分析主要包括现金流入结构分析、流出结构分析、流入流出比分析。

◎现金流入结构分析

现金流入结构分析分为总流入结构和三项（经营、投资和筹资）活动流入的内部结构分析两种。（如图 4-15 所示）

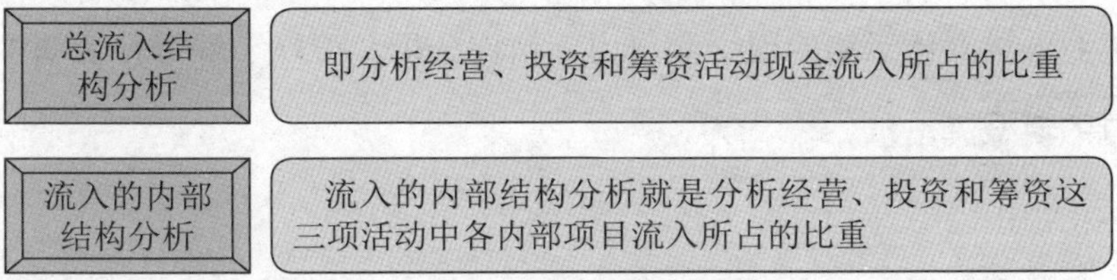

图 4-15 现金流入结构分析内容

通过对总流入结构的分析，可以了解三种经营活动对企业现金总流入的贡献百分比；通过对各种具体活动的现金流入内部结构分析，可以了解每种活动中每项业务对各自现金流入量的贡献百分比。一般情况下，经营活动现金流量应该占较大的比例。如果企业经营所得现金占较大比重，说明企业通过生产经营获得现金的能力较强；反之，则说明企业的资金来源主要是对外借款或增加资本。

◎现金流出结构分析

流出结构分析分为总流出结构和三项（经营、投资和筹资）活动流出的内部结构分析。（如图 4-16 所示）

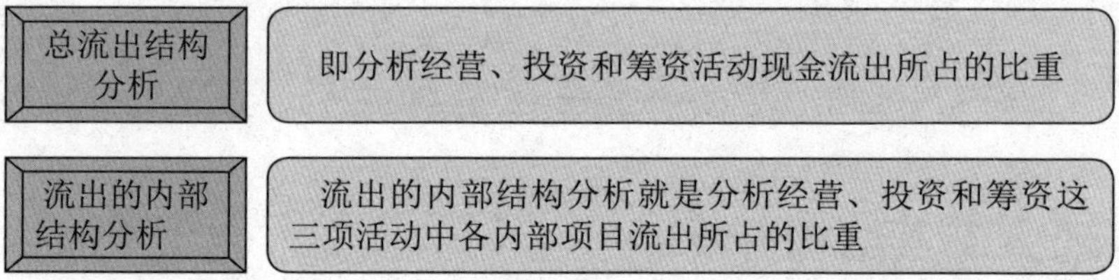

图 4-16 现金流入结构分析内容

通过对总流出结构的分析，可以了解三种经营活动各自的现金总流出量；通过对各种具体活动的现金流出内部结构分析，可以了解每种活动中每项业务各自的现金流出量。

◎现金流入流出比分析

分别将经营活动、投资活动、筹资活动的现金流入小计与现金流出小计进行对比，从而判断企业的现金流量是否合理。

流入流出比表示企业每 1 元的流出可换回的现金数。如果经营活动的现金流入量大于流出量，说明企业通过经营活动获得的现金能够满足企业正常经营的需要，并且有部分剩余，可用于再投资或偿还债务；反之，说明企业不仅不能支持投资或偿债，还需要通过举借新债等方式获取现金，以维持企业的正常生产经营。如果投资活动产生的现金流入量远远大于现金流出量，可能意味着企业经营不善，需要依靠变卖固定资产偿还债务或维持企业的运营，也可能意味着企业经营战略发生转移；反之，可能意味着企业有了新的投资机会，但也可能是前期投资效果不好，没有产生良好的投资回报。如果融资活动的现金流入量明显大于现金流出量，说明企业大量举债或吸收资本，如果此时企业投资活动的现金流出量很多，通常说明企业在经营扩张；如果此时经营活动的现金流入量明显小于现金流出量，通常意味着企业是依靠举债或吸收资本来补充经营资金的短缺。

对于一个健康的、正在成长的公司，经营活动现金净流量应为正，投资活动现金净流量应为负，筹资活动现金净流量则是正负相间的。

【例 4-2】A 公司现金流量结构分析数据如表所示。

A 公司现金流量结构分析表

单位：元

项目	流入	流出	净流量	流入结构	流出结构	内部结构	流入流出比
一、经营活动：							
销售商品、提供劳务	1191000					87.99%	
增值税销项税额	162500					12.01%	
现金收入合计	1353500			41.01%		100%	
购买商品、接受劳务		359800				37.31%	
支付给职工		300000				31.11%	
支付增值税		145466				15.08%	
支付所得税		107089				11.10%	
支付其他税费		2000				0.21%	
支付其他现金支出		50000				5.18%	
现金支出小计		964355			26.22%	100.00%	1.40
现金净额			389145				

续表

项目	流入	流出	净流量	流入结构	流出结构	内部结构	流入流出比
二、投资活动:							
收回投资	216500					39.59%	
分得股利或利润	30000					5.49%	
处置固定资产	300300					54.92%	
现金收入小计	546800			16.57%		100.00%	
购建固定资产		1451000				100%	
现金支出小计		1451000			39.45%	100%	0.38
现金流量净额			-904200				
三、筹资活动:							
借款	1400000					100%	
现金收入小计	1400000			42.42%		100%	
偿还债务		1250000				99.01%	
偿付利息		12500				0.99%	
现金支出小计		1262500			34.33%	100%	1.11
现金流量净额			137500				
合计	3300300	3677855	-377555	100%	100%		

1. 流入结构分析

从A公司流入结构分析可以看出，经营活动的现金流入占总现金流入的41.01%，是企业现金流入的主要来源；投资活动的现金流入占16.57%；筹资活动的现金流入占42.42%，在企业的现金流入中也占有重要地位。

2. 流出结构分析

从A公司流入结构分析可以看出，经营活动现金流出占26.22%，投资活动现占39.45%，筹资活动现金流出占34.33%，说明企业的现金流出主要是用来偿还债务，投资活动较少。

3. 流入流出比分析

从A公司的流入流出比可以看出：经营活动流入流出比为1.4，表明企业1元的现金流出可换回1.4元的现金流入，显然这项流入流出比越高越好。投资活动流入流出比为 0.38，表明企业投资活动的现金流出量大于现金流入量，企业正处在扩张时期。一般而言，发展时期此比值小，衰退或缺少投资机会时此比值大。筹资活动流入流出比为 1.11, 表明企业借款数额大于还款数额，有借新债还旧债之嫌。

现金流量表的趋势分析

现金流量表的趋势分析是指对不同时期现金流量表现金流量指标进行对比确定其增减差异和变动趋势的分析。企业的现金收入、支出以及结余发生了怎样的变动，其变动趋势如何，这种趋势对企业有利还是不利，这就是现金流量的趋势分析。现金流量的趋势分析可以帮助报表使用者了解企业财务状况的变动趋势，了解企业财务状况变动的原因，在此基础上预测企业未来财务状况，从而为决策提供依据。

◎现金流量表趋势分析方法

趋势分析有两方面的含义：一是报表数据在不同会计期间的变化趋势；二是报表内项目比重在不同会计期间的变化趋势，因而，现金流量的趋势分析又可以采用两种分析方法，具体内容如图 4-17 所示。

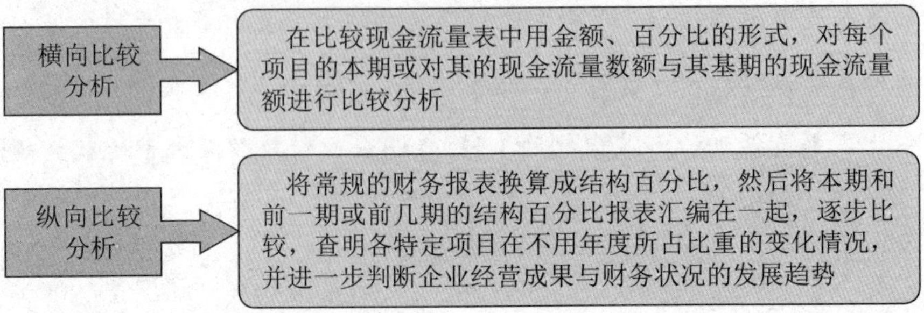

图 4-17 趋势分析方法示意图

◎现金流量表趋势分析指标

在对现金流量表进行分析时，常采用定比和环比百分比指标，这两个指标的比较如图 4-18 所示。

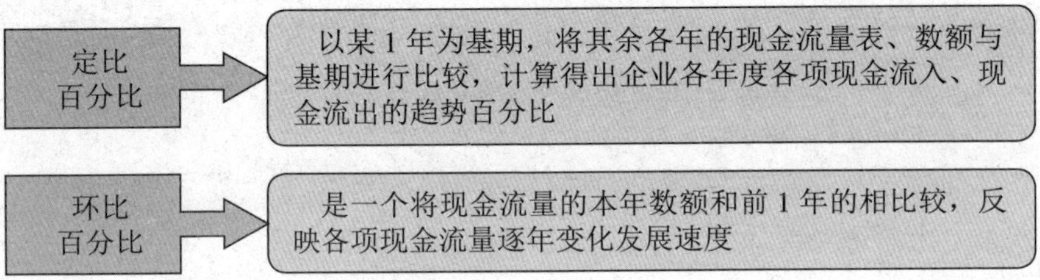

图 4-18 趋势百分比指标的比较

◎现金流量表趋势分析实例

下面我们将运用定比与环比两个百分比来对现金流量表的相关数据进行分析。

【例 4-3】 下表为福兴公司 2018 年至 2020 年的汇总现金流量表。

福兴公司 2018 年至 2020 年的汇总现金流量表

单位：万元

项目	2018 年	2019 年	2020 年
现金流入	28993	37526	62374
经营活动现金流入	26245	35286	60642
投资活佛现金流入	5068	3964	3191
融资活动现金流入	2700	2200	1700
现金流出	23635	25248	28991
经营活动现金流出	18643	20591	25811
投资活动现金流出	2253	2398	1467
融资活动现金流出	2738	2289	1712

通过上表的数据，我们可以计算出定比和环比百分比，其中，在定比百分比的计算中，以 2018 年为基期，环比的计算是以上 1 年的数据为基期。由于定比百分比＝某期实际数 ÷ 基期实际数 ×100%，环比百分比＝本期实际数 ÷ 上期实际数 ×100%，因而其计算结果如表所示。

该公司定比与环比计算结果表

项目	定比百分比		环比百分比	
	2019 年	2020 年	2019 年	2020 年
现金流入	129．4	215．1	129．4	166．2
经营活动现金流入	134．5	231．1	134．5	71．8
投资活动现金流入	78．2	62．9	78．2	80．5
融资活动现金流入	81．5	62．9	81．5	77．3
现金流出	106．8	122．7	106．8	114．8
经营活动现金流出	110．3	138．5	110．3	125．5
投资活动现金流出	106．4	65．1	106．4	61．2
融资活动现金流出	83．6	62．5	83．6	74．8

从上表的定比百分比中，我们可以看到该公司的现金流入量在不断增加，并且，经营活动资金增长很快，但同时投资活动和融资活动的现金流入与

2018 年相比均有所下降，这说明该公司对于投资和融资的依赖性逐渐减小。现金流出量也在不断增加，2020 年与 2018 年相比增长了 22.7% [（28991-23635）÷23635×100%=22.7%]，其中，经营活动现金流出增长速度快于总的现金流出，增长了 38.5% [（25811-18643）÷18643×100%= 38.5%]。

从环比百分比中，我们可以看到企业的现金流入的增长速度越来越快。其中，经营活动德增长速度快于总现金流入的速度；其中投资活动和融资活动的现金流入呈负增长。

特别提示

从现金流量表的趋势分析中，我们还可以看出现金流量比重的变化。从现金流入方面看，导致投资活动和融资活动的现金流入在全部现金流入中的比重均不断地下降，原因是投资活动和融资活动的现金流入的负增长。在现金流出方面，经营活动的现金流出在全部流出中的比重不断上升的原因是经营活动的现金流出的速度逐渐上升，并且高于全部现金流出的增长速度；投资活动现金流出在全部现金流出中比重的变化幅度波动较大的原因是其增长速度不稳定；融资活动的现金流出在全部现金流出的比重下降是因为其呈现负增长，且负增长速度较平稳。

第五章

守好家产——快速看懂所有者权益变动表

所有者权益是企业自有资本的来源，它的数量多少、内部结构变动都会对企业财务状况和经营发展趋势带来影响。通过本章的阅读，我们可以了解所有者权益变动表的列表格式、填列方法及分析方法等，有助于进一步了解企业的所有者权益在年度内的变化情况。

学习导读：

◆明晰所有者权益来源

◆掌握所有者权益变动表的列报格式

◆梳理所有者权益变动表的填列方法

◆掌握所有者权益变动表的分析方法

所有者权益哪里来

所有者权益，是指企业投资者对企业净资产的要求权，是所资产中享有的经济利益，其金额为资产减去负债后的余额。企业在一定会计期间构成所有者权益的各组成部分当期增减变化情况由，应在所有者权益变动表中反映和披露。

◎所有者权益的来源

所有者权益主要来源于企业投资者的初始投资、按合同或公司章程追加的投资以及企业在生产经营期间实现的留存收益。企业因资本溢价、接受捐赠、外币资本折算等原因形成的资本公积也是所有者权益的一项来源。因此，企业的所有者权益主要包括以下四个部分。（如图 5-1 所示）

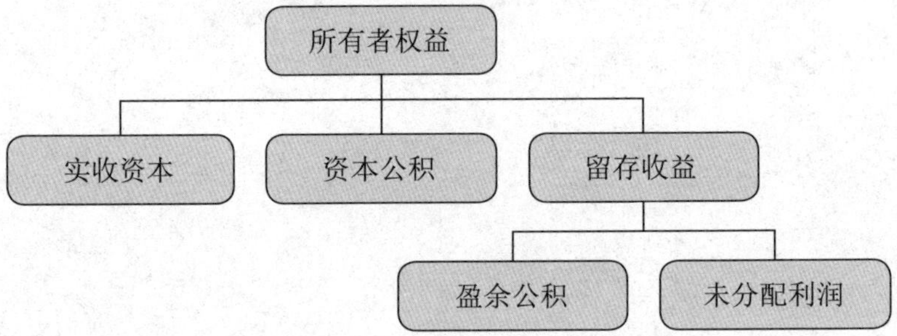

图 5-1 所有者权益的内容

实收资本（或股本）

实收资本是指企业实际收到的投资者投入的资本。企业的实收资本一般等于其注册资本。在某些特殊情况下，企业收到投资者投入的资金也会超过其在注册资本中所占的份额，超过的部分作为资本溢价，计入“资本公积”科目。

实收资本是企业进行经营活动的初始资金来源，在一般情况下是无须偿还的，可以由企业长期使用。除符合规定条件的增资和减资外，企业的实收资本一般不得随意变动。

资本公积

资本公积是指投资者或者他人投入到企业、所有权归属于全体投资者、并且金额上超过法定资本部分的资本或者资产，是一种特殊的所有者权益。

资本公积不是由企业实现的利润转化而来的，它是由于资本(或股本)溢价、接受捐赠资产、外币资本折算差额等原因形成的，因其产权性质、日常管理上的特殊性，它既不同于实收资本，也不属于留存收益。

盈余公积

盈余公积是指企业按照规定从净利润中提取的各种资金的积累。按其用途分为一般法定盈余公积和任意盈余公积等。（如图 5-2 所示）

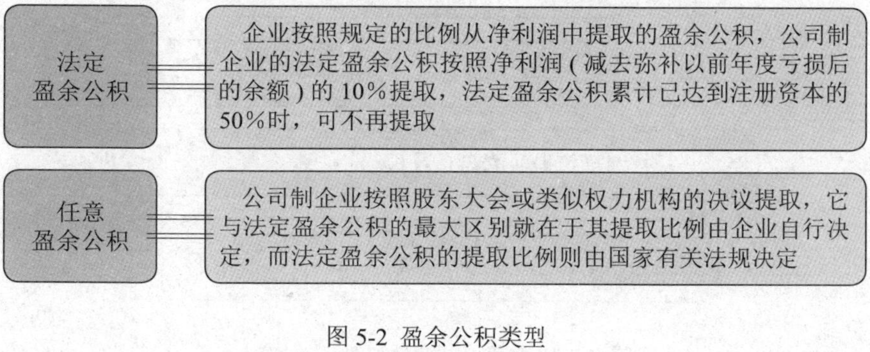

图 5-2 盈余公积类型

未分配利润

未分配利润是企业留待以后年度进行分配的结存利润，也是企业所有者权益的组成部分，从数量上来说，企业的未分配利润，等于年初未分配利润，加上本期实现的税后利润，减去提取的各种盈余公积和分出利润后的余额。

◎所有者权益的反映

所有者权益变动表，是指反映企业在一定会计期间构成所有者权益的各组成部分当期增减变化情况的报表。所有者权益变动表应当全面反映一定时期的所有者权益变动的情况，不仅包括所有者权益总量的增减变动，还包括所有者权益增减变动的重要结构性信息，特别是反映直接计入所有者权益的利得和损失，让报表使用者准确理解所有者权益增减变动的根源。

所有者权益变动表至少应当单独列示反映下列信息的项目。（如图5-3所示）

1 净利润

2 直接计入所有者权益的利得和损失项目及其总额

3 会计政策变更和差错更正的累积影响金额所有者

4 投入资本和向所有者分配利润等

5 按照规定提取的盈余公积

6 实收资本（或股本）、资本公积、盈余公积、未分配利润的期初和期末余额及其调节情况

图 5-3 所有者权益变动表列示的内容

由上图可以看出，所有者权益变动表在一定程度上体现了企业综合收益。综合收益，是指企业在某一期间与所有者之外的其他方面进行交易或发生其他事项而引起归净资产变动。综合收益的构成包括两部分：净利润和直接计入所有者权益的利得及损失。其中，前者是企业已实现并已确认的收益，后者是企业未实现但根据会计准则的规定已确认的收益。用公式表示如下所示。

综合收益＝收入＋直接计入所有者权益的利得和损失

其中，净利润＝收入－费用＋直接计入当期损益的利得和损失。

在所有者权益变动表中，净利润和直接计入所有者权益的利得及损失均单列项目反映，体现了企业综合收益的构成。

◎所有者权益变动表的作用

所有者权益变动表的作用主要表现在以下三个方面。

反映企业抵御财务风险的能力

所有者权益是企业的自由资本，也是企业生产经营、承担债务责任、抵御财务风险的基础。企业经济实力的强弱变化受所有者权益的增减变动的直接影响。而所有者权益的增减主要来源于企业利润的增长，因此，企业的盈利能力可以间接地从所有者权益变动表中得到反映，报表使用者也可以从该表中了解到企业盈利能力方面的相关信息。

揭示所有者权益变动的原因

所有者权益变动的原因有很多，该表全面记录了影响所有者权益变动的各个因素的年初余额和年末余额。通过对比每个项目年末和年初余额以及各项目的构成比例的变化，揭示所有者权益变动的原因及过程，从而为报表使用者判断企业自有资本的质量，正确评价企业的经营管理工作提供信息。

反映企业股利分配政策及现金支付能力

在所有者权益变动表中，既可以看到资产负债表的项目内容（所有者权益），还可以看到利润表中的项目内容（净利润）以及利润分配表的内容。同时，公司的股利分配政策和现金支付能力决定了向股东支付股利的多少。而现金支付能力的信息又源于现金流量表。因此，所有者权益变动表通过反映利润分配情况，可以向投资人或潜在投资人提供有关股利分配政策和现金支付能力方面的信息，而且通过这一过程将资产负债表、利润表、现金流量以及所有者权益变动表者四大主要会计报表有机的联系在一起，为报表使用者全面评价企业的经营成果、财务状况和企业发展能力提供了全面的信息。

所有者权益变动表的列报格式

为了清楚地表明构成所有者权益的各组成部分当期的增减变动情况，所有者权益变动表应当以矩阵的形式列示。

◎所有者权益变动表的基本结构

以矩阵的形式列报所有者权益变动报表，一方面，列示导致所有者权益变动的交易或事项，改变了以往仅仅按照所有者权益的各组成部分反映所有者权益变动情况，而是按所有者权益变动的来源对一定时期所有者权益变动情况进行全面反映；另一方面，按照所有者权益各组成部分（包括实收资本、资本公积、盈余公积和未分配利润）及其总额列示交易或事项对所有者权益的影响。

◎所有者权益变动表的格式

所有者权益变动表属于动态的报表，包括表首、正表两部分。其中，表首说明报表名称、编制单位、编制日期、报表编号、货币名称、计量单位等；正表是所有者权益变动表的主体，具体说明所有者权益变动表的各项内容。其基本格式如表 5-1 所示。

表 5-1 所有者权益变动表

编制单位：　　　　年度：　　　　单位：元

项目	行次	本年金额						上年金额					
		实收资本（或股本）	资本公积	盈余公积	未分配利润	库存股（减项）	所有者权益合计	实收资本（或股本）	资本公积	盈余公积	未分配利润	库存股（减项）	所有者权益合计
一、上年年末余额													
1．会计政策变更													
2．前期差错更正													
二、本年年初余额													
三、本年增减变动金额（减少以“－”号填列）													
（一）本年净利润													
（二）直接计入所有者权益的利得和损失													
1．可供出售金融资产公允价值变动净额													
2．权益法下被投资单位其他所有者权益变动的影响													
3．与计入所有者权益项目相关的所得税影响													
4．其他													
小计													
（三）所有者投入资本													
1．所有者本期投入资本													
2．本年购回库存股													
3．股份支付计入所有者权益的金额													
（四）利润分配													
1．提取盈余公积													
2．对所有者（股东）的分配													
3．其他													
（五）所有者权益内部结转													
1．资本公积转增资本													
2．盈余公积转增资本													
3．盈余公积弥补亏损													
四、本年年末余额													

所有者权益变动表的填列方法

根据我国《企业会计准则第30号——财务报表列报》的规定，企业需要提供比较所有者权益变动表，因此，所有者权益变动表还就各项目再分为“上年金额”和“本年金额”两栏分别填列。

◎“上年金额栏”的填列

所有者权益变动表“上年金额”栏各项数字，应根据上期所有者权益变动表的“本年金额”栏的所列金额填列，如果所有者权益变动表中的项目名称、内容有变化，则应根据规定对上期所有者权益变动表相关项目的内容、金额进行调整，按照调整后的金额填入本期所有者权益变动表的“上年金额”栏。

◎“本年金额栏”的填列

所有者权益变动表“本年金额”栏的填列方法可分为以下两种，如图 5-4 所示。

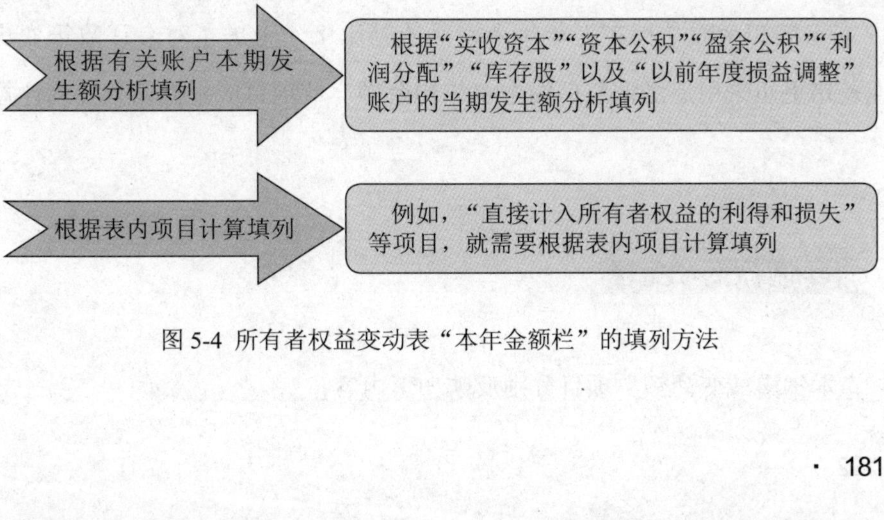

图 5-4 所有者权益变动表“本年金额栏”的填列方法

◎所有者权益变动表各项目的填列

上年年末余额

上年年末余额是指上年年末企业所有者权益（或股东权益）的期末余额。该项目应根据上年资产负债表中，“实收资本（或股本）”“资本公积”“盈余公积”和“未分配利润”各项目的年末余额填列。对应表内横向本年金额各项目。

“会计政策变更”和“前期差错更正”项目，分别反映企业采用追溯调整法处理的会计政策变更的累积影响金额和采用追溯重述法处理的会计差错更正的累积影响金额。

为了体现会计政策变更和前期差错更正的影响，企业应当在上期期末所有者权益余额的基础上进行调整得出本期期初所有者权益，根据“盈余公积”“利润分配”“以前年度损益调整”等科目的发生额分析填列。对应表内横向的“盈余公积”和“未分配利润”项目。

本年年初余额

本年年初余额是指在上年年末余额的基础上，考虑了对会计政策变更、前期差错更正采用追溯调整后的本年年初余额，该项目应根据以上各项计算得到。

本年增减变动金额

“本年增减变动额”项目分别反映如下内容：

（1）“净利润”

“净利润”项目，反映企业当年实现的净利润(或净亏损)金额，根据利润表中的“净利润”填列，对应表内横向的“未分配利润”项目。

（2）“直接计入所有者权益的利得和损失”

“直接计入所有者权益的利得和损失”项目，反映企业当年直接计入所有者权益的利得和损失金额。具体包括以下内容，如图 5-5 所示。

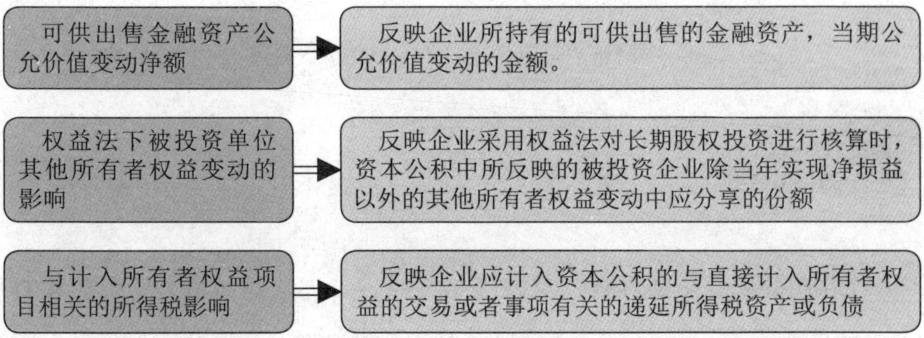

图 5-5 “直接计入所有者权益的利得和损失”项目内容

以上三项内容，都应根据“资本公积”账户的内容分析填列，并对应表内横向的“资本公积”项目。

“所有者投入资本”

“所有者投入资本”项目反映企业投资者当年投入企业的资本，包括形成的注册资本的部分和溢价的部分。该项目应根据“实收资本”账户和“资本公积”账户的本期发生额分析填列。对应表内横向的“实收资本”和“资本公积”项目。（如图 5-6 所示）

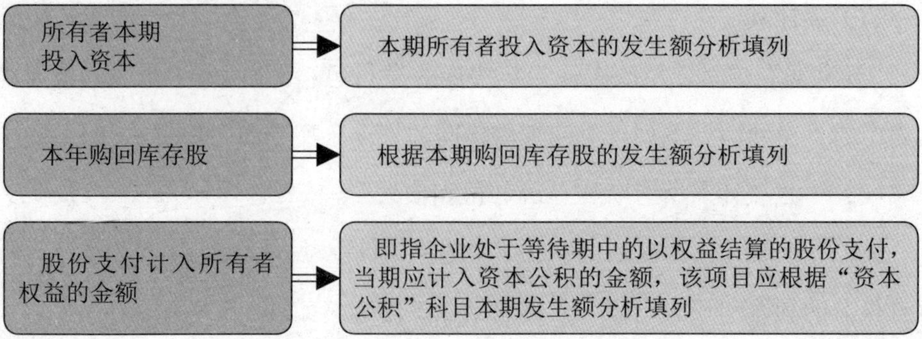

图 5-6 “所有者投入资本”项目内容

“利润分配”

“利润分配”下各项目，反映当年按照规定提取的盈余公积金额和对所有者（或股东）分配的利润（或股利）金额，应根据“利润分配”科目本期发生额分析填列。对应表内横向的“盈余公积”“未分配利润”项目，“盈余公积”项目增加，“未分配利润”项目相应减少。

“所有者权益内部结转”

“所有者权益内部结转”下各项目，反映不影响当年所有者权益总额的所有者权益各组成部分之间当年的增减变动，根据“实收资本”或“资本公积”账户本期发生额填列。对应表内横向的“实收资本”和“资本公积”项目，“实收资本”项目增多，“资本公积”项目相应减少。“所有者权益内部结转”项目主要包括以下内容，如图 5-7 所示。

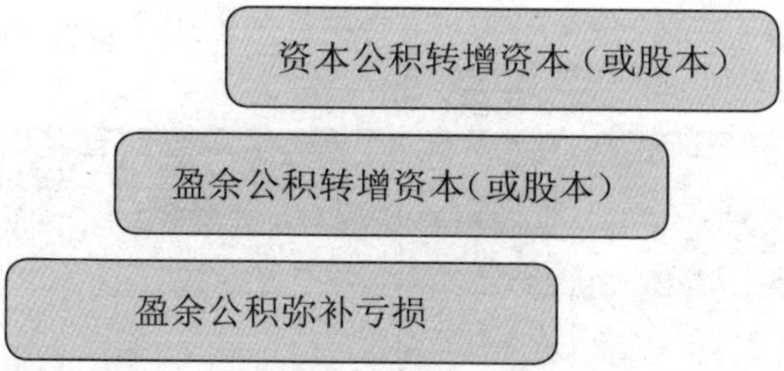

图 5-7 “所有者权益内部结转”项目内容

“本年年末余额”

“本年年末余额”项目，反映企业当期所有者权益的年末金额。是在所有者权益本年年初余额的基础上，加上或减去本年增减变动金额计算得出的。该项目的金额应当与所有者权益各科目的本年年末余额相符。

◎所有者权益变动表编制实例

【例 5-1】浩天公司 2017 年有关所有者权益账户年初余额基本年增减变动情况及原因见表所示。据此编制所有者权益（股东权益）变动表见表所示（上年金额略）。

有关所有者权益账户 2017 年内变动情况及原因

账户	年初余额 / 元	本年增加及原因	本年减少及原因	年末余额 / 元
实收资本	24750000	盈余公积转入 350000 元		25100000
资本公积	625000	接受捐赠 100500 元		725500
盈余公积	920000	从净利润中提取 280000 元	转增资本 350000 元	850000
未分配利润	120000	实现净利润 5453500 元	提取盈余公积 28 万元 分派股利 3243500 元	2050000
合计	26415000			28725500

浩天公司所有者权益变动表

编制单位：浩天公司　　　　年度：2017 年　　　　单位：元

项目	行次	本年金额					
		实收资本（或股本）	资本公积	盈余公积	未分配利润	库存股（减项）	所有者权益合计
一、上年年末余额							
1. 会计政策变更		24750000	625000	920000	120000		26415000
2. 前期差错更正							
二、本年年初余额							
三、本年增减变动金额（减少以“一”号填列）		24750000	625000	920000	120000		26415000
（一）本年净利润							
（二）直接计入所有者权益的利得和损失					5453500		5453500
1. 可供出售金融资产公允价值变动净额							
2. 权益法下被投资单位其他所有者权益变动的影响							
3. 与计入所有者权益项目相关的所得税影响							
4. 其他			100500				100500
小计							
（三）所有者投入资本							
1. 所有者本期投入资本							
2. 本年购回库存股							
3. 股份支付计入所有者权益的金额							
（四）本年利润分配							
1. 对所有者的分配					3243500		3242500
2. 提取盈余公积				280000	280000		
（五）所有者权益内部结转							
1. 资本公积转增资本							
2. 盈余公积转增资本		350000		350000			
3. 盈余公积弥补亏损							
四、本年年末余额		25100000	725500	850000	2050000		28725500

所有者权益变动表的质量分析

对所有者权益变动表的质量进行分析，其中最重要的内容是本年增减变动金额的分析。具体分析包括实收资本变动情况、资本公积变动情况和盈余公积变动情况分析三方面。

◎实收资本（股本）变动情况的分析

除非企业出现增资、减资等情况，实收资本（股本）在企业正常经营期间一般不会发生变动。

实收资本（股本）增加

一般企业实收资本（或股本）增加的原因如图 5-8 所示。

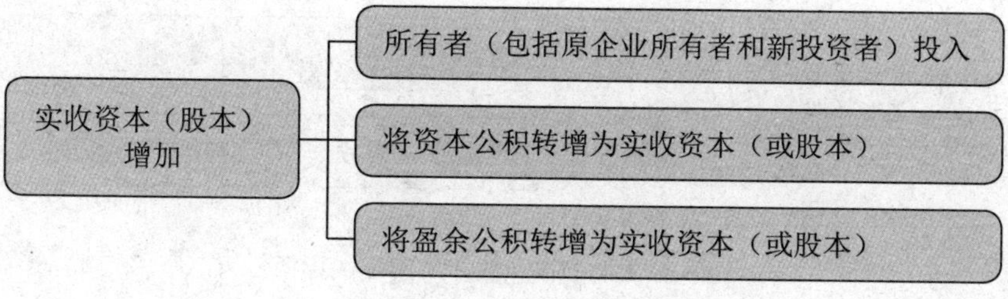

图 5-8 实收资本（股本）增加的原因

实收资本（股本）的增加无外乎是源于股东入资和企业依靠自身的盈利两种途径。一般而言，如果是依靠企业自身盈利增加的所有者权益，则表明企业盈利质量较高，可持续发展前景较好；如果是企业投资者增加投入资本导致所有者权益增加，会使营运资金增加，表明投资者对未来充满信心，但也不排除企业经营发生一定困难，需要股东进行“输血”，使得在未来经营前景中存在较多变数的情况。

特别提示

所有者新投入企业的可能不一定会是现金，也有可能是以原材料、固定资产、甚至无形资产进行投资。有的股份公司还可采用发放股票股利的方法实现增资。采用发放股票股利实现增资的，在发放股票股利时，应按照股东原来持有的股数分配。

实收资本（股本）减少

企业实收资本减少的原因主要如图 5-9 所示。

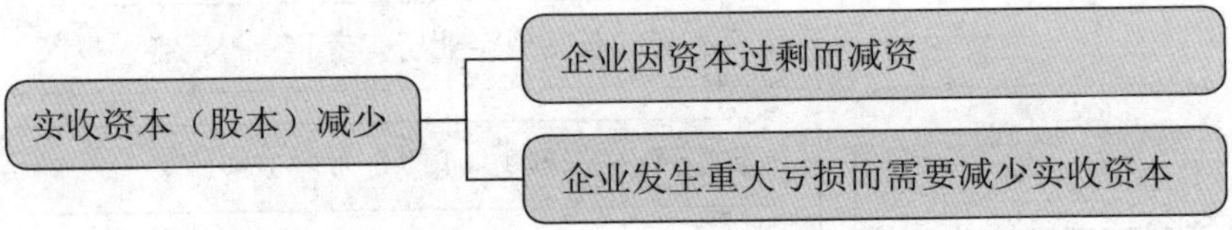

图 5-9 实收资本 (股本) 增加的原因

企业因资本过剩而减资，一般要发还股款。具体可以采用收购本企业股票的方式进行。只是在分析资产负债表上的实收资本（或股本）时，要具体分析引起资本金减少的原因及收购本企业股票以减资的价格是否合理真实。

实收资本（股本）的变动将会影响企业投资者对企业的所有权和控制权，

而且会对企业的偿债能力、获利能力等产生影响。尤其是企业股权结构变化，既可能由原股东之间股权结构的调整引起，也可能由增加了新的投资者、增加了新的股份而引起。股权结构的变化对企业的长期发展具有重要意义，企业的发展战略以及人力资源结构与政策都会随着股权结构的变化而发生显著变化，在对企业前景预测时必须要注意。

◎资本公积变动情况的分析

资本公积增加

资本公积增加的原因如图 5-10 所示。

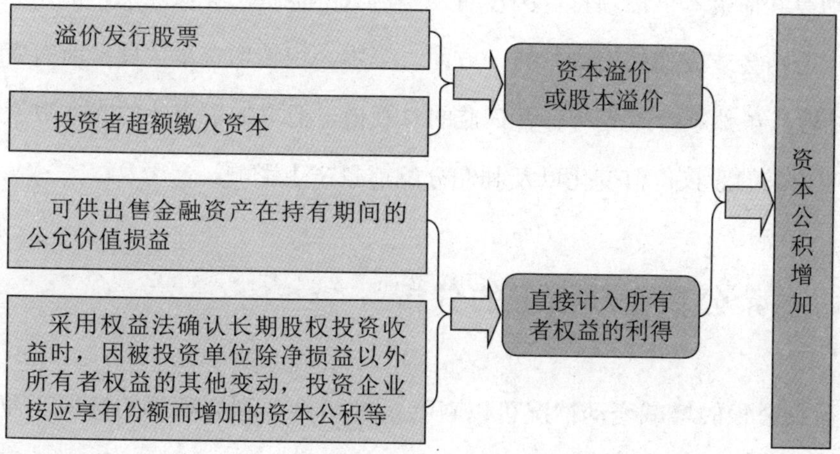

图 5-10 形成资本公积增加的主要原因

由于资本公积的变动可以直接导致企业净资产的增加，所以应特别注意的是，企业是否存在通过资本公积项目来改善财务状况的情况。如果资本公积的数额本期增长过大，应进一步了解其构成，分析其合理性，以防止企业为自身利益通过虚假评估来虚增净资产。如通过将自用房地产转换为采用公允价值模式计量的投资性房地产，且对该资产的公允价值进行操纵，以达到粉饰资产负债率和企业信用形象的目的。

资本公积减少

资本公积减少的原因主要是转增资本。一方面，并非所有的资本公积项目都可以用来转增资本，能够用来转增资本的必须是有资产作保障的已实现的资本公积，如股本（资本）溢价。至于企业的长期股权投资采用权益法核算时，因被投资单位除净损益以外所有者权益的其他变动，投资企业按应享有份额而增加或减少的资本公积，以及企业持有可供出售金融资产在持有期间的公允价值变动等其他资本供给项目，因没有现金流或其他资产作保障，不能用来转增资本，否则会造成虚假出资。另一方面，资本公积转增资本，属于所有者权益内部结转，虽然不会改变所有者权益的总规模，但增加了企业的股本数量，将对企业未来的股权价值变化以及利润分配前景产生影响。

◎盈余公积变动情况的分析

盈余公积的增减变动情况可以直接反映出企业利润积累的情况。盈余公积中的法定盈余公积是指按照企业净利润和法定比例计提的盈余公积，提取比例一般为净利润的10%，当法定盈余公积累计金额达到企业注册资本的50%以上时，可以不再提取。而任意盈余公积是企业按照股东大会决议提取的盈余公积。因此，盈余公积增加体现出了公司利润积累的实力，既可以提高企业的偿债能力，又可以提高企业的获利能力，企业应尽可能地多计提盈余公积。但考虑到投资者的经济利益，盈余公积的提取数额又受到一定的限制。此外，进一步分析盈余公积的结构有助于了解企业的意图，如当期任意盈余公积增长速度更快，所占比重较大，说明企业意在加强积累，谋求长远效益。（如图 5-11 所示）

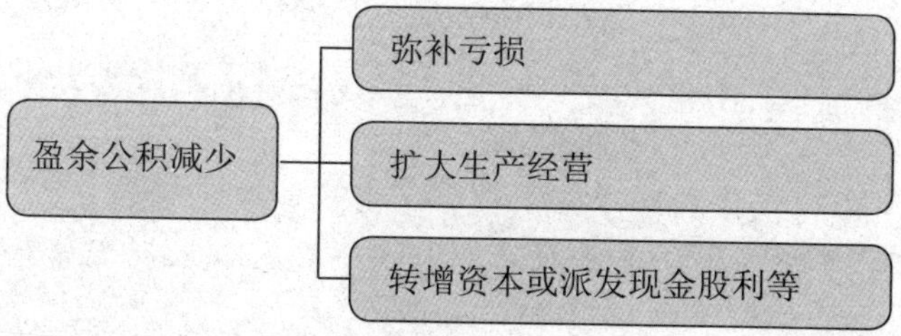

图 5-11 盈余公积减少的原因

在分析盈余公积减少时应注意分析盈余公积的减少额度，减少的原因和未来变动趋势，评价变动的合理性。

需要注意的是，盈余公积转增资本或弥补亏损，也均属于所有者权益内部结转，并不会改变所有者权益的总规模，但对企业财务形象产生直接影响：或增加了企业的股本数量，或弥补了企业的累积亏损，这种变化虽然不改变企业资产结构和质量，但也将对企业未来的股权价值变化以及利润分配前景产生直接影响。

所有者权益变动表重点项目分析

所有者权益变动表的重点项目分析，是将组成所有者权益的主要项目进行具体剖析对比，分析其变动成因、合理合法性、有否人为操控的迹象等事项的过程。所有者权益变动表的重点项目，可以从以下公式具体理解：

净利润＋直接计入所有者权益的利得－直接计入所有者权益的损失＋会计政策和会计差错更正的累积影响＋股东投入资本－向股东分配利润－提取盈余公积＝本期所有者权益变动额

◎直接计入所有者权益的利得与损失分析

直接计入所有者权益的利得和损失，是指不应计统一当期损益、会导致所有者权益发生增减变动的、与所有者投入资本或者向所有者分配利润无关的利得或者损失。

一般而言，已实现确认的利得与损失在发生当年计入利润表，未实现确认的利得与损失可能在资产负债表中确认，同时，所有者权益变动表涵盖了这些信息。利润表反映公司在会计年度内已实现的损益。若出现未实现的损益，公司的资产价值就会增减，公积也会随之增减，但未实现的损益不在年度利润表中披露，而是直接计入所有者权益。利润表不予披露的未实现损益通常包括图 5-12 所示的几种。

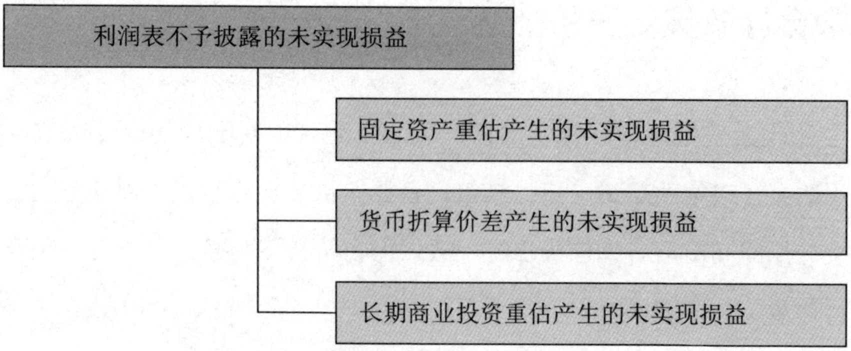

图 5-12 利润表不予披露的未实现损益

在所有者权益变动表中，通过直接计入所有者权益的利得与损失分析，可以进一步说明会计期间所有者权益是如何增减变化的，具体理解见下例：

【例 5-2】 某公司 2017 年实现净利 390 万元，分配股利 100 万元，增发新股 300 万元，长期投资于 A 单位，股权占 40%，A 单位本年亏损 50 万元，试确定所有者权益变动额。

根据净利润与所有者权益变动额的关系公式，该公司所有者权益变动额具体结果为：390−20−100+300=570（万元）

项目	人民币（万元）
税后利润	390
+ 直接计入所有者权益的利得与损失	−20（50×40%）
- 股利	100
+ 新增股本	300
所有者权益净增加额	570
期初所有者权益	3650
期末所有者权益	4220

◎会计政策变更的分析

会计政策变更是指在特定的情况下，企业可以对相同的交易或事项由原来采用的会计政策改用另一会计政策。企业选用的会计政策不得随意变更，在每一会计期间和前后各期应当保持一致。但在符合下列条件之一时，企业可以变更会计政策，如表 5-2 所示。

表 5-2 会计政策变更条件

会计政策变更条件	举例
法律、行政法规或国家统一的会计制度等要求变更	国家发布统一的关于增值税会计处理的核算办法后，企业应及时按照新的办法处理有关增值税事项
会计政策变更能够提供更可靠、更相关的会计信息	某企业原先一直采用直接转销法核算坏账，由于信用环境改变，应收账款演变为坏账的可能性增大，继续使用直接转销法核算坏账将会虚增企业某一会计期间的资产和盈利，在这种情况下，企业应改变原有会计政策，采用备抵法的会计政策更能体现应收账款的账面价值

企业如无充分、合理的证据表明会计政策变更的合理性或者未经股东大会等类似机构批准擅自变更会计政策的，或者连续、反复地自行变更会计政策的，视为滥用会计政策，按照前期差错更正的方法进行处理。

会计政策变更能够提供更可靠、更相关的会计信息的，主要应当采用追溯调整法进行处理，将会计政策变更累积影响数调整列报前期最早期初留存收益。其中追溯调整法，是指对某项交易或事项变更会计政策，视同该项交易或事项初次发生时即采用变更后的会计政策，并以此对财务报表相关项目进行调整的方法。

会计政策变更的累积影响数，是指按照变更后的会计政策，对以前各期追溯计算的列报前期最早期初留存收益应有金额与现有金额之间的差额。会计政策变更的累积影响数需在所有者权益变动表中单独列示。

对会计政策变更的累积影响数的分析，主要目的在于合理区分属于会计政策变更和不属于会计政策变更的业务或事项。一般而言，不属于会计政策变更的业务或事项具体如表 5-3 所示。

表 5-3 不属于会计政策变更的业务或事项

不属于会计政策变更的业务或事项	举例
当期发生的交易或事项与以前相比具有本质差别而采用新的会计政策	某企业以往租入的设备均为临时需要而租入的，企业按经营租赁会计处理方法核算。该企业原租入的设备均为经营性租赁，本年度起租赁的设备均改为融资租赁，由于经营租赁和融资租赁有着本质差别，因而改变会计政策不属于会计政策的变更
对初次发生的或不重要的交易或事项而采用新的会计政策	某企业改变低值易耗品处理方法后，对损益的影响并不大，并且低值易耗品通常在企业生产经营中所占的比例不大，属于不重要的事项，因而这种变更不必作为会计政策变更的内容进行专门披露

◎前期差错更正的分析

前期差错，是指由于没有运用或错误运用相关信息，而对前期财务报表造成遗漏或误报。前期差错通常包括计算错误、应用会计政策错误、疏忽或曲解事实以及舞弊产生的影响以及存货、固定资产盘盈等。

对于不重要的前期差错，企业不需调整财务报表相关项目的期初数，但应调整发现当期与前期相同的相关项目。属于影响损益的，应直接计入本期与上期相同的净损益项目；属于不影响损益的，应调整本期与前期相同的相关项目。

对于重要的前期差错，企业应当在其发现当期的财务报表中，调整前期比较数据。也就是说，前期差错应当采用追溯重述法进行更正，视同该项前期差错从未发生过，从而对财务报表相关项目进行重新列示和披露。

具体地说，企业应当在重要的前期差错发现当期的财务报表中，通过下述处理对其进行追溯更正，如图 5-13 所示。

步骤 1　追溯重述差错发生期间列报的前期比较金额

步骤 2　如果前期差错发生在列报的最早前期之前，则追溯重述列报的最早前期的所有者权益相关项目的期初余额

图 5-13 重要的前期差错更正方法

对于发生的重要的前期差错，如影响损益，应将其对损益的影响数调整发现当期的期初留存收益，财务报表其他相关项目的期初数也应一并调整；如不影响损益，应调整财务报表相关项目的期初数。

会计差错发生的原因可归纳为三类，如表 5-4 所示。

表 5-4 会计差错发生的原因

差错原因	释义	举例
会计政策使用错误	在会计核算过程中，有可能由于各种原因采用了会计准则和会计制度不允许的会计政策出现的差错	按现行会计制度规定，为购建固定资产而发生的费用，在固定资产达到预定可使用状态后发生的应计入当期损益，若将此费用计入该项固定资产的价值，予以资本化，则属于会计政策使用上的差错
会计估计错误	由于经济业务中不确定因素的影响，企业在会计估计过程中出现了差错	国家规定企业可以根据应收账款期末余额的一定比例计提坏账准备，企业有可能在期末多计提或少计提坏账准备，从而影响损益的计算
其他错误	在会计核算中，企业有可能发生除以上两种差错以外的其他差错	例如，漏记交易或事项、错记借贷方向、错记借贷金额等等

会计差错只要发生就会使报表信息失真，按其影响程度的不同，会计差错可分为重大会计差错和非重大会计差错。重大会计差错是指影响会计报表可靠性的会计差错，其特点是差错的金额比较大，足以影响会计报表的使用者对

企业的财务状况和经营成果做出正确判断。按照重要性原则，如果某项差错占有关交易或事项金额的10%以上，则可以被认为是重大会计差错。非重大会计差错是指不足以影响会计报表使用者对企业财务状况和经营成果做出正确判断的会计差错。

无论是否为重大会计差错，都应在发现前期差错的当期进行前期差错更正，在所有者权益变动表中适时披露。

特别提示

所有者权益变动表的水平分析，是将所有者权益各个项目的本年数与基准数进行对比分析的一种方法，可以从静态角度揭示企业当期所有者权益各个项目绝对数变动情况，从而反映所有者权益各个项目增减变动的具体原因和存在问题。

阅读者在分析所有者权益变动表时要重点注意以下事项：

1. 注意区分“输血性”变化和“盈利性”变化

这里的“输血性”变化是指企业靠股东入资而增加所有者权益，“盈利性”变化则是指企业依靠自身的盈利而增加所有者权益。显然，这两个方面均会引起所有者权益的变化，但是，其发展的前景显著不同：在企业“输血性”变化导致企业资产增加但增加的投资方向前景难以预料的情况下，其盈利前景存在变数；而在“盈利性”变化的条件下，如果盈利质量较高，则可能意味着企业可持续发展的前景较好。

2. 注意所有者权益内部项目互相结转的财务效应

所有者权益内部项目互相结转，虽然不改变所有者权益的总规模，但是，这种变化会对企业的财务形象产生直接影响：或增加了企业的股本数量，或弥补了企业的累计亏损。这种变化，虽然对资产结构和质量没有直接影响，但对企业未来的股权价值变化以及利润分配前景可能会产生直接影响。

3. 注意关注企业股权结构的变化与方向性含义

股权结构变化，既可能由原股东之间股权结构的调整引起，也有可能由增加了新的投资者、增加了新的股份而引起。这种变化，对企业的长期发展具有重要意义：可能由于企业股权结构变化，企业的发展战略以及人力资源结构与政策均会发生显著变化。这样，按照原来的惯性思维对企业进行前景预测将有可能失去意义。

4. 注意会计核算因素的影响

会计核算因素的影响，是指会计政策变更和差错更正对企业所有者权益的影响。这种影响，除了数字上的变化以外，对企业的财务状况质量没有实质影响。需要警惕年度间频繁出现前期差错更正事项的情况，很有可能是企业蓄意调整利润所导致的结果。

所有者权益变动表结构分析

所有者权益变动表的结构分析，又称垂直分析，一般是以所有者权益变动额为基数，计算所有者权益变动表中各个项目相对于基数的百分比。通过结构分析，可以揭示公司当期所有者权益各个项目的比例及其变动情况，说明公司净资产的变动原因，为相关决策提供一定的依据。

◎影响所有者权益结构的因素

影响所有者权益结构的因素主要有以下五点，如图 5-14 所示。

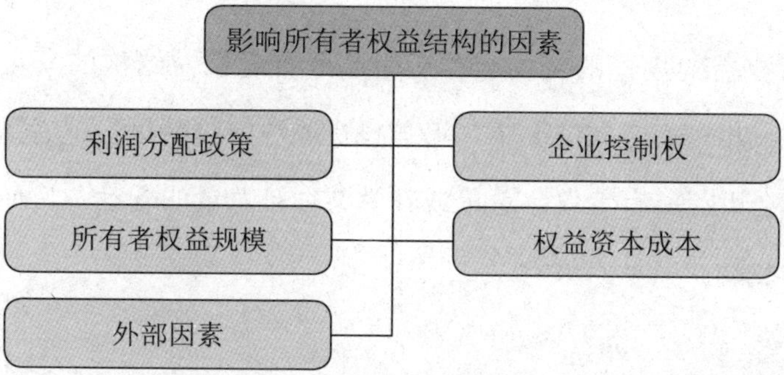

图 5-14 所有者权益结构的影响因素

利润分配政策

企业的利润分配政策会直接影响企业投入资本和留用利润的结构。因为，企业若采用低利润分配政策，而盈余公积、公益金又按照法定比例提取，那么未分配利润自然会增加，必然会引起留用利润的比重提高；反之，采用高利润分配政策会降低留存利润的比重。

企业控制权

企业的控制权掌握在持有一定股份的大股东手中，如果企业决定接受其他投资者的投资，就会使股权稀释，企业的控制权也会相应分散。若企业所有者愿意接受这种筹资政策，则所有者权益结构必然会引起的变化；否则，所有者不愿分散对企业的控制权，就会采取负债筹资的方式，这样所有者权益结构也不会受到影响。

所有者权益规模

所有者权益的规模的变化会相应引起所有者权益结构的变化。假定在其他条件不变或相对稳定的情况下，追加投资或法定收回投资或者盈余公积转增资本等，都会引起所有者权益总量或其中某项目总量的变动，进而引起所有者权益结构的变动。

权益资本成本

由于所有者承担的风险要大于债权人承担的风险，所以企业的权益资本成本往往要高于负债资本成本。在所有者权益的内部，投入资本的资本成本往往要比留用利润的资本成本要高。因此，企业要降低筹资成本，应尽量利用留用利润，加大其比重，这样，就会相应降低综合资本成本率。

外部因素

企业在选择筹资渠道时，还会受到经济环境、金融政策、资本市场状况等外部因素的制约，企业的筹资方式会受这些因素的影响，所有者权益结构也必然会受其影响。

◎所有者权益表结构分析实例

引起所有者权益增减变动的主要原因有增加或减少注册资本、资本公积发生增减变化、留存收益增加等。通过所有者权益构成及增减变动分析，可以进一步了解企业对负债偿还的保证程度和企业自己积累资金和融通资金的能力和潜力。

下面以某公司 2017 年的所有权权益变动表为基础资料，编制所有者权益变动表的结构分析表，如表 5-5 所示。

表 5-5 所有者权益变动表结构分析表

单位：某公司　　　　单位：元

项目	2017 年	变动额	变动额百分比
一、上年年末余额	2153000		
加：会计政策变更	60000		
前期差错更正			
二、本年年初余额	2213000		
三、本年增减变动金额（减少以“一”填列）	1150000		100.00%
（一）净利润	470000	470000	40.87%
（二）直接计入所有者权益的利得和损失	−100000	−100000	−8.70%
1、可供出售金融资产公允价值变动净额			
2、权益法下被投资单位其他所有者权益变动的影响	100000	100000	8.70%
3、计入所有者权益项目相关的所得税影响			

续表

项目	2017 年	变动额	变动额百分比
4、其他	-200000	-200000	-17.39%
上述（一）和（二）小计	370000	370000	32.17%
（三）所有者投入和减少资本	990000	990000	
1、所有者投入资本	990000	990000	86.09%
2、股份支付计入所有者权益的金额			
3、其他			
（四）利润分配	-210000		
1、提取盈余公积			
2、对所有者（或股东）的分配	-210000	-210000	-18.26%
3、其他			
（五）所有者权益内部结转			
1、资本公积转增资本（或股本）			
2、盈余公积转增资木（或股本）			
3、盈余公积弥补亏损			
4、其他			
四、本年年未余额	3363000	1240000	100.00%

从表 5-5 可以看出，该公司 2017 年所有者权益年末余额比 2016 年增加 1150000（3363000-2213000=1150000）元，并以其变动额 1150000 元为 100%，分别计算各个项目变动占所有者权益变动额的百分比。其中，所有者投入资本变动占所有者权益变动额的 86.09%（990000÷1150000×100%=86.09%），说明所有者投入资本是本年所有者权益变动的主要原因：其次净利润增加占所有者权益变动额的 40.87%（470000÷1150000×100%=40.87%），表明本年公司实现的净利润是所有者权益增加的另一个原因。向股东分配股利使所有者权益下降了 18.26%（-210000÷1150000×100%=18.26%），直接计入所有者权益的利得和损失变动很小，可以忽略不计。通过阅读会计报表附注得知，该公司 2017 年所有者权益增加的主要原因是公司在 2017 年 1 月，以非公开发行股票方式募集资金，扣除发行费用实际募集资金 990000 元，其中新增股本 22100

万股。

所有者权益变动表的结构分析反映了企业所有者权益各项目的分布情况，揭示了企业的经济实力和风险承担能力。此外，由于所有者权益中的盈余公积和未分配利润属留存收益，是企业税后利润分配的结果。因此，所有者结构分析也能反映出企业的内部积累能力，间接反映企业的经营状况。

特别提示

所有者权益变动表的水平分析，是将所有者权益各个项目的本年数与基准数进行对比分析的一种方法，可以从静态角度揭示企业当期所有者权益各个项目绝对数变动情况，从而反映所有者权益各个项目增减变动的具体原因和存在问题。

所有者权益变动表的垂直分析，是将所有者权益变动表各项目的本期发生数与所有者权益变动表本期年末余额进行比较(即各个项目金额占本年年末余额的比重)的一种分析方法，用来揭示企业当年所有者权益内部结构的情况，从静态角度判断所有者权益变动表各项目构成的合理性。同时，将报告期各项目所占的比重与基期各个项目所占的比重进行对比分析，从动态角度反映所有者权益表的各个项目变动情况，找出影响所有者权益变动的主要项目，为报告使用者进行经济决策提供新的思路。

第六章

必要补充——快速看懂财务报表附件

在财务分析中将基本财务报表与财务报表附件相结合，既可以观察报表项目的数量及其变化情况，又能在一定程度上把握项目变化的原因。比如期间费用和净利润变化了，是由于经营状况变化造成的，还是由于会计政策或会计估计变更造成的，财务报表附注信息对其变化的原因进行合理的解释，是正确使用这些财务数据的前提。通过本章的阅读，我们可以掌握资产负债表附表、利润表附表、财务报表附注及财务情况说明书等附件的内容、编制依据等，可以进一步加深对企业财务状况的理解。

学习导读：

◆掌握资产负债表的分析方法

◆体悟利润表附表的编制与分析

◆梳理财务报表附注的内容、形式、分析及解读要点

◆了解财务情况说明书的格式与内容

看懂资产负债表附表

受制于资产负债表的格式要求，一些信息的来源和构成无法直接在资产负债表中披露。于是，资产负债表的编制者会根据现有会计准则的要求，以表格的形式将这些信息反映出来，形成资产负债表附表。资产负债表的附表，主要是为资产负债表中的一些重要数据提供进一步的明细说明。这些附表主要包括财务状况变动表、资产减值准备明细表、所有者权益变动表和应交增值税明细表等。所有者权益变动表在本书第五章已经详细讲述，此处不再赘述。

◎财务状况变动表分析

财务状况变动，就是本年度与上年度资产负债表之间的相关变化和财务变动。一般年度资产负债表出表后，就需要制作并提交相关部门。财务状况变动表的主要作用是反映企业在报告期内财务状况的全貌，并沟通了利润表和资产负债表。

作为重要的财务说明表，财务状况变动表主要报送给企业的股东或最高决策机构查阅。财务状况变动表的主要内容，如图 6-1 所示。

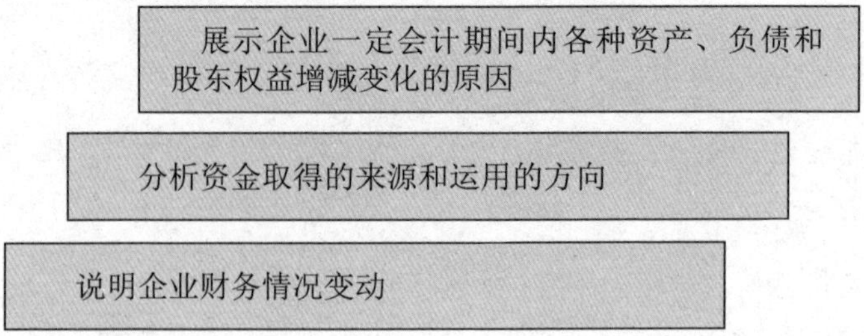

图 6-1 财务状况变动表的主要内容

财务状况变动表，可以反映一些重要财务事项和资金变化的内在原因，弥补在资产负债表和利润表中未能充分展现的不足。比如固定资产增加了 15 万元，通过查看财务状况变动表，可以得知企业当期正好有 10 万元的固定资产报废，然后购买了 25 万元的新设备并投入使用。

如果没有财务状况变动表，就无法单从数字上得知企业资金的流动情况。下列问题都能够在财务状况变动表中找到答案。（如图 6-2 所示）

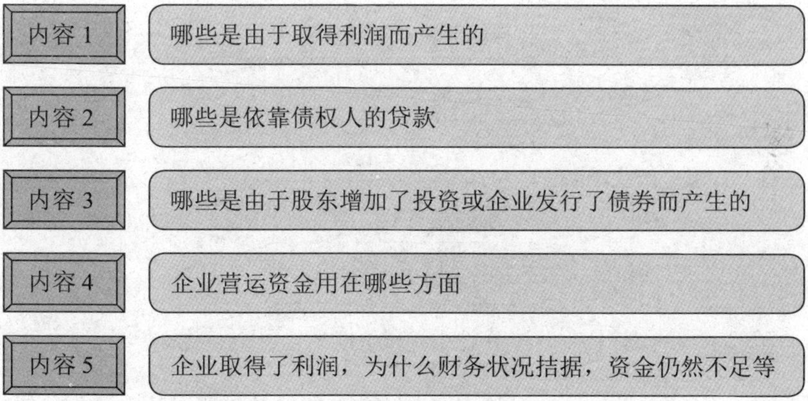

图 6-2 从财务状况变动表中可解决的问题

说明：上述问题仅指在报告期内，企业营运资金来源项目。

打个比方来说，财务状况变动表就像放大镜，把资产负债表的局部数据放大后，显示其细节，以便报表使用者查阅和引用。

◎资产减值准备明细表分析

从理论上讲，任何资产都有减值风险。比如房产，很可能贬值；应收的账款，很可能收不回来；手中的存货，很可能跌价。所以出于谨慎性原则的要求，企业的会计部门会有相关的科目实行减值准备的操作，为其提前提取减值准备。

资产减值准备明细表，就是用于补充说明企业各项资产减值准备增减变动情况的报表。通过资产负债表和资产减值准备明细表可以反映企业各项资产的账面余额，以及各项资产期初计提减值准备余额、本期计提的减值准备、本期转回的资产减值准备等动态情况。

资产减值准备明细表的各项目，应根据下列账户的记录分别填列，如图6-3所示。

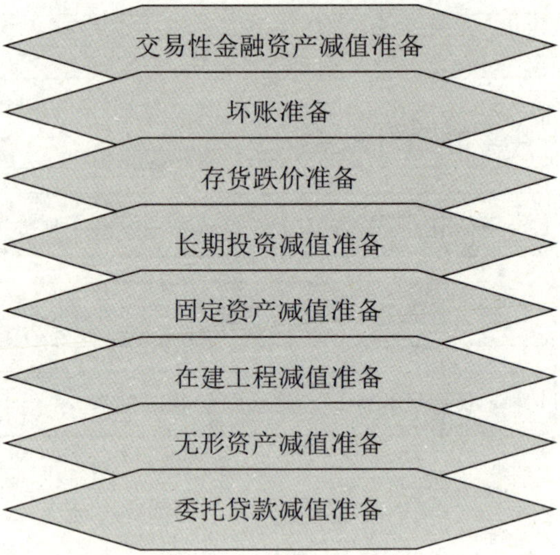

图6-3 资产减值准备明细表各项目编制依据的账户

其中“年初余额”根据上年资产减值准备明细表“年末数”栏内所列数字填列；“本年增加数”根据资产项目减值准备/跌价准备账户的贷方发生额，以及对应的资产减值损失账户借方发生额填列；“本年转回数”根据资产项目减值准备/跌价准备账户的借方发生额和资产项目的贷方发生额填列；“年末余额”可以根据资产项目减值准备/跌价准备账户的年末余额填列，也可以根据“本年余额=年初余额+本年增加数－本年转回数”计算填列。

通过资产减值准备明细表，可以获得各项资产减值准备本期计提额、本期转出额和本期转销额等信息，有助于对企业资产减值政策及实施情况进行客观的分析。

◎应交增值税明细表分析

应交增值税明细表，是反映企业应交增值税的形成过程及其缴纳情况的报表。应交增值税明细表各项目内容如表6-1所示。

表6-1 应交增值税明细表项目内容

内容	相关说明
年初未抵扣数	企业年初尚未抵扣的增值税
销项税额	企业销售货物或者提供应税劳务收取的增值税额
出口退税	企业出口货物退回的增值税款
进项税额转出	企业购进货物、在产品、产成品等发生非正常损失以及其他原因，而不应从销项税额中抵扣，按规定转出的进项税额
转出多交增值税	月度终结，转出多交的增值税
进项税额	企业购入货物或接受应税劳务而支付的、准予从销项税额中抵扣的增值税额
已交税金	企业已交纳的增值税
减免税款	企业按规定减免的增值税额
出口抵减内销产品应纳税额	企业按照规定计算的出口货物的进项税额抵减内销产品的应纳税额
转出未交增值税	企业月度终了转出未交的增值税
年初未交数	企业年初未交增值税
本期转入数	本期已交增值税小于应交增值税转入的应交未交数
本期已交数	本期交纳上期未交的增值税款
期末未交	期末应交未交数

在应交增值税明细表中，应交增值税各项目中除了年初未抵扣数项目，反映企业年初尚未抵扣的增值税外，其余项目均根据应交税金一应交增值税明细科目各对应专栏的记录填列。

特别提示

除上述主要附表以外，资产负债表附表还有交易性金融资产明细表、应收账款账龄结构分析表、应收账款客户结构分析表、存货明细表、存货跌价准备明细表、长期股权投资明细表、投资性房地产明细表、固定资产及累计折旧明细表、无形资产及摊销明细表、借款明细表、应付债券明细表、长期应付款明细表等。

看懂利润表附表

利润表，是企业财务信息阅读者们最关心的报表，其中部分信息更是需要了解其明细情况，如利润分配的情况等。利润表的附表就是由此而产生的。利润表的附表主要包括利润分配表、分部报表和利润表附注三种。

◎利润分配表

小故事：山西晋商的票号为什么做不大

明清时期山西以经商著称于世，尤以票号最为出名。票号又称汇兑庄或票庄，是一种金融信用机构。开始主要承揽汇兑业务，后来也进行存放款等业务。

票号资本，一般被称为“正本”。正本之外，有的有“副本”“护本”。正本是票号名义资本。护本，按资本数附加40%，名义是为弥补亏损的那部分资本，实质上是财东在票号的固定资本，只取利息，不参与分红，亦不能随便提取。

山西票号在它的发展和兴盛时期，每个账期的盈利甚多。但是在以身股为本的体制下，采取了基本分光的分配办法，积累很少。一家票号的资本，最初只有几万两，或十数万两，后遇账期分红，实行倍本，资本陆续增加，但至十九世纪末也不过二三十万两。

日升昌票号，1823 年开业时，有正本银 30 万两，顶银股 30 股，身股亦为 30 股。每股分红通常都是四五千两到七八千两，最高达一万七千两。经历了一个世纪以后，到 1923 年歇业时，正本银也只有 38.28 万两，100 年间只增加了 8.28 万两，护本银也仅有 20 万两。

蔚泰厚票号，1879 年开业时，有正本银 9.5 万两，到 1921 年歇业时，正本银也只有 35 万两，95 年间，仅仅增加了 25.5 万两；而每股的分红额，通常都是五六千两，最高达一万两千两。大德通票号 1889 年账期，共获利 24 723.03 两，而账期分红，却把利润全部分掉，就连小数点后的 0.03 两，也没有剩下。在这种经营理念的运营下，票号日薄西山无疑已成必然。

票商赚了钱，考虑的不是继续开拓新的领域，寻求更新的项目，而是盖起了一个又一个的深宅大院，五年、十年、几十年、一百年不停地修建着，使自己和子孙世世代代扎根，厮守于这片黄土地。如著名的乔家大院，在山西太原附近占地 8700 平方米，由 6 个大院，19 处小院构成，共有房屋 313 间，这是乔家六代人历近 300 年之久而建成。如果不是抗日战争爆发，它的规模或许还会更大。

除了修筑大院，票商的利润还不断被其子孙后代挥霍吞噬。在太谷票商武佑卿家中多年担任私塾教师的刘大鹏，在《退想斋日记》中这样描述："及观(当地)富家，无论男妇长幼，率皆黎明方寝，日落才起，即早起亦在午后"，"惟是饱食终日，处高楼大厦之中，求沃壤膏腴之土，以备终夜呼吸"。据票号经理人员的回忆，当时著名的大富豪如平遥五联号财东介休贾村侯家，首家票号日财东平遥西达蒲村李家和太谷北村曹家的后代大多耽于吸食大烟的恶习，不理号事。

从上面的故事中，我们可以知道，山西票号之所以最后都湮没在历史的长河中，根本的原因就是票号所有者的利润除了提取“护本”（即盈余公积）外，都用于了分红。与同一时期的宁波商帮相比，不能够开拓新的活动区域和经营项目，尤其是在培养后代人才的失误，使得山西票号的财东们终究没能走出自己的一亩三分地。

利润分配的重要性

市场竞争日新月异，企业能否抓住机遇，不断地更新经营项目，开拓新的活动区域往往成为制胜的关键。而更新经营项目、开拓新的活动区域都需要企业的继续投入，这就涉及企业利润分配问题。利润分配与企业前途哪一个更为重要，晋商票号的反面事例无疑给了我们确切的答案。

利润是企业收入的重要来源。利润分配，是将企业实现的净利润，按照国家财务制度规定的分配形式和分配顺序，在国家、企业和投资者之间进行的分配。利润分配的过程与结果，是关系到所有者的合法权益能否得到保护，企业能否长期、稳定发展的重要问题。为此，企业必须加强利润分配的管理和核算。

利润分配表的编制

利润分配表，则是反映企业在一定期间内利润分配或弥补情况，及其年末未分配利润结语情况的会计报表。它是一张年度动态会计报表，也是利润表的主要附表，说明利润表上反映的净利润的分配情况（或净亏损的弥补情况），从而了解利润的分配去向，以及年末分配利润的数额。

1．利润分配表的格式

利润分配表结构上也包括表头和表体两个部分。表头包括表名、编制单位、编制期间和金额单位等内容。其表体采用多步式报告结构，从企业实现的净利润出发，按利润分配的先后顺序分别反映各分配阶段上的利润，即：净利润、可供分配利润、可供投资者分配的利润和未分配利润四段，每项内容通常还区分为“本年实际”和“上年实际”。其基本格式如表 6-2 所示。

表 6-2 利润分配表

编制单位：　　　　年度　　　　单位：××

项目	行次	本年实际	上年实际
一、净利润	1		
加：年初未分配利润	2		
其他转入	4		
二、可供分配的利润	8		
减：提取法定盈余公积	9		
提取职工福利及奖励基金	10		
提供储备基金	11		
提供企业发展基金	12		
利润归还投资	13		
三、可供投资者分配的利润	16		
减：应付优先股股利	17		
应付普通股股利	18		
转作资本（或股本）的普通股股利	19		
四、未分配利润	25		

2．利润分配表的编制方法

首先，我们应该明确一个标准：在我国，利润分配表的“本年实际”栏，根据本年“本年利润”及“利润分配”科目及其所属明细科目的记录分析填列；“上年实际”栏根据上年“利润分配表”填列。如果上年度利润分配表与本年度利润分配表的项目名称和内容不一致，则按编报当年的口径对上年度报表项目的名称和数字进行调整，填入本表“上年实际”栏内。

下面我们来看利润分配表的具体编制方法。

（1）利润分配表各项目的内容和填列方法

利润分配表各项目填列方法如表 6-3 所示。

表 6-3 利润分配表各项目填列方法

项目	填列方法
净利润	应与“利润表”“本年累计数”栏的“净利润”项目一致。如为净亏损，以“—”号填列
年初未分配利润	应与上年“利润分配表”中“本年累计数”栏的“未分配利润”项目一致，如为未弥补的亏损，以“—”号填列
其他转入	根据“利润分配——其他转入”明细账贷方发生净额分析填列
提取法定盈余公积	根据“利润分配——提取盈余公积”明细账借方发生净额填列
提取职工奖励及福利基金	根据“利润分配——提取职工奖励及福利基金”明细账借方发生净额分析填列
提取储备基金和提取企业发展基金	根据“利润分配——提取储备基金”和“利润分配—提取企业发展基金”明细账借方发生净额分析填列
利润归还投资	根据“利润分配——利润归还投资”明细账借方发生净额分析填列
应付优先股股	根据“利润分配——应付优先股股利”明细账借方发生净额分析填列
应付普通股股利	根据“利润分配——应付普通股股利”明细账借方发生净额分析填列
转作股本的普通股股利	根据“利润分配——转作股本的普通股股利”明细账借方发生净额分析填列
未分配利润	根据“利润分配——未分配利润”明细账借方余额分析填列

（2）净利润的分配过程

利润分配表反映的是公司当年的净利润的分配情况和年末分配利润的情况。该表的编制是从公司净利润额开始的。净利润的分配过程要经过 3 个层次的计算，其过程如图 6-4 所示。

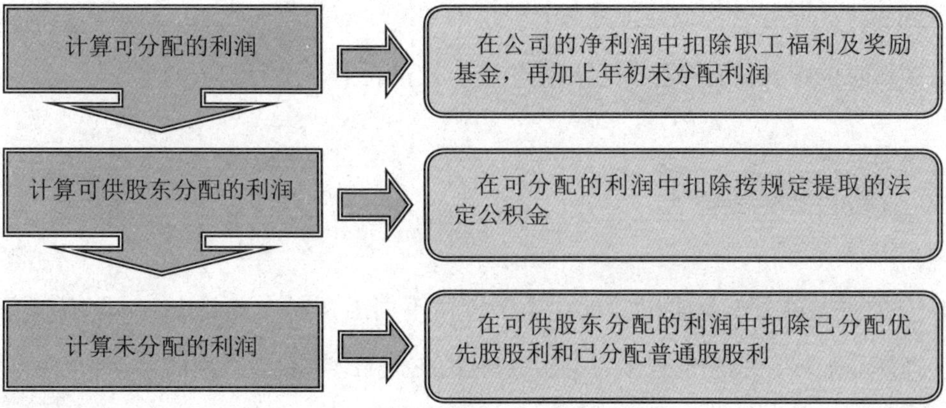

图 6-4 分配的利润计算流程图

三个层次的计算用公司可表示如下：

可分配利润 = 净利润 + 年初未分配利润 - 中外合资企业提取职工福利及奖励基金

可供股东分配的利润 = 可分配的利润 - 法定公积金

其中法定公积金是指按照公司法规定，公司必须根据当年税后利润减去弥补亏损后所剩余额的 10%强制计提的公积金。

未分配利润 = 可供股东分配的利润 - 已分配优先股股利 - 已分配普通股股利

式中，已分配优先股股利是根据股东大会决议派发给优先股股东的利润额；已分配普通股股利是根据股东大会决议而派发给普通股股东的利润。未分配利润额权益归公司投资者所有。

◎分部报表

分部报表，是指企业对外提供的财务会计报表中，按照确定的企业内部组成部分（业务分部或地区分部）提供的各组成部分有关收入、资产和负债等有关信息的报表。分部报表包括在年度会计报表中，是利润表的附表。

分部报表的作用

企业提供分部报表的目的，在于评估不同因素对企业的影响，以便更好地理解企业以往的经营业绩，并对其未来的发展趋势做出合理的预测和判断。具体来说，分部报表的作用主要表现为三个方面，具体如图 6-5 所示。

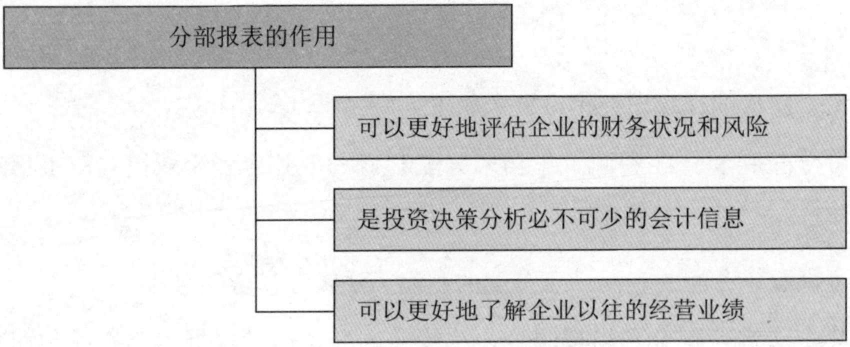

图 6-5 分部报表作用示意图

1．通过分部报表，可以更好地评估企业的财务状况和风险

企业会计报表虽然可以总括地反映一个企业综合会计信息，了解整个企业财务状况和经营成果，但是由于企业多元化经营模式，只有了解了处于不同行业、不同地区的各个公司的盈利水平，增长趋势和风险等分解信息后，才能正确地把握企业的财务状况和风险。而经过内部交易抵消后的会计报表数据则无法完成这一目标。

2．分部报表是投资决策分析必不可少的会计信息

整体中一个表现不佳的成员就像一个果实中枯萎的部分，它将使整个果实都腐烂。因此，缺少分解的信息，将使投资者无法合理的预测整个公司未来的现金流量、时间价值和风险价值。

3．通过分部报表可以更好地了解企业以往的经营业绩

企业生产经营的业绩，是由企业生产的各种产品，及劳务的盈利综合而成的。由于企业各种产品在其整体的经营活动中所占的比重各不相同，其能够产生的利润也不尽相同，要把握企业的经营业绩，不仅要分析企业的整体情况，也有必要分析每一种产品的生产经营情况。

分部报表的格式

下面为一般企业分部报表的基本格式，如表 6-4 所示。

表 6-4 分部报表

分部报表（业务部分） 年度 单位：元

项　　目	×× 业务		×× 业务		……	其他业务		抵消		未分配项目		合计	
	本年	上年	本年	上年		本年	上年	本年	上年	本年	上年	本年	上年
一、营业收入合计													
其中：对外营业收入													
分部间营业收入													
二、销售成本合计													
其中：对外销售成本													
分部间销售成本													
三、期间费用合计													
四、营业利润合计													
五、资产总额													
六、负债总额													

续表

分部报表（地区部分）						年度							单位：元
项目	××地区		××地区		……	其他地区		抵消		未分配项目		合计	
	本年	上年	本年	上年		本年	上年	本年	上年	本年	上年	本年	上年
一、营业收入合计													
其中：对外营业收入													
分部间营业收入													
二、销售成本合计													
其中：对外销售成本													
分部间销售成本													
三、期间费用合计													
四、营业利润合计													
五、资产总额													
六、负债总额													

从表 6-4 所示中，我们可以看到，分部报表由两部分组成，具体内容如图 6-6 所示。

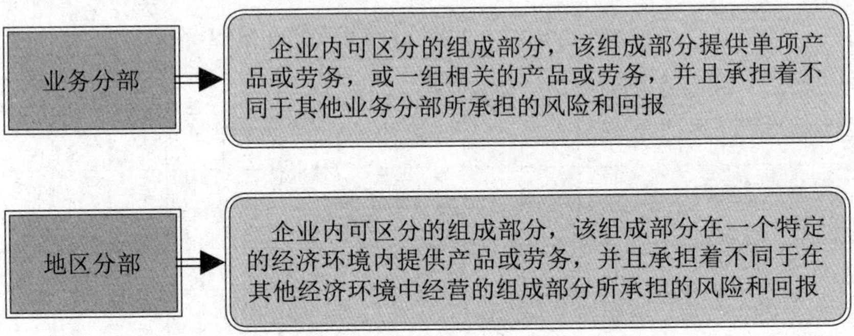

图 6-6 分部报表的两分部内容图

当然，如果两个或多个本质上相似的业务分部或地区分部，也可以合并为单一的业务分部和地区分部。企业应当根据本企业的具体情况，制定适合于本企业的业务分部、地区分部的分部原则，并且一贯性地遵循这一原则。如随着情况的变化而做出调整的，应在会计报表附注中予以说明，并且提供调整后的比较分部报表。

应纳入分部报表编制范围的条件

应纳入分部报表编制范围的条件有三个，具体情况如图 6-7 所示。

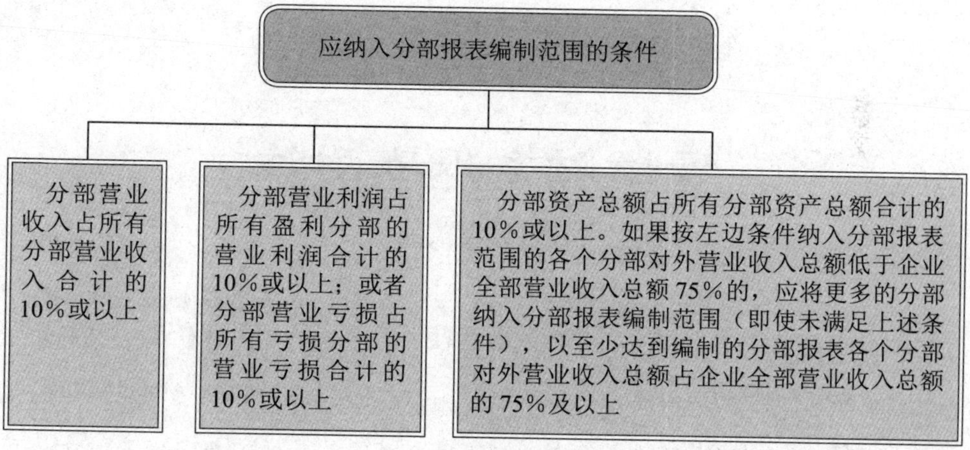

图 6-7 应纳入分部报表编制范围的条件

在上图中所列的三个条件中，只要满足其一，就应纳入分部报表编制的范围。

如果前期某一分部未满足上述三个条件之一而未纳入分部报表编制范围，本或因经营状况改变等原因达到上述条件而应纳入分部报表编制范围的，为可比起见，应对上年度的数字进行调整后填入“上年”数栏。

纳入分部报表的各个分部最多为 10 个，如果超过，应将相关的分部予以合并反映；如果某一分部的对外营业收入总额占企业全部营业收入总额 90%及以上的，则不需编制分部报表。

◎利润表附注

利润表附注用于对利润表及附表中的重要项目进行辅助说明，主要是说明重大的变动情况。通过利润表附注，可以了解相关重要项目的变动情况，还能够深入揭示利润形成及分配变动的主观原因与客观原因。

利润表附注并没有规定格式，一般将相关情况或数据说明列示出来即可。

看懂财务报表附注

财务报表附注，亦称“会计报表注释”，是会计报表的补充，由于会计报表格式中所规定的项目内容较为固定，因而只能提供有限数量的信息；同时，列入会计报表的各项信息都必须符合会计要素的定义和确认标准，因此，会计报表本身所能反映的财务信息受到一定的限制，为便于信息使用者理解和使用会计信息，财务报表附注便对会计报表不能包括或者披露不详尽的内容做进一步的解释说明。

◎财务报表附注披露的内容

一般来说，企业在编制财务报表附注时应注意披露以下内容。

企业的基本情况

企业应披露以下基本信息。如图 6-8 所示。

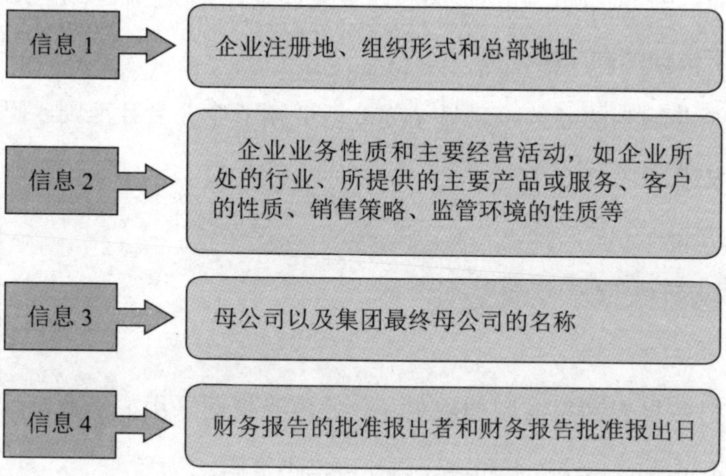

图 6-8 财务报表附注应披露的企业基本信息

财务报表的编制基础

企业应当以持续经营为基础编制会计报表。在编制会计报表时，企业应当对持续经营的能力进行估计。如果已决定进行清算或停止营业，或者已确定在下一个会计期间将被迫进行清算或停止营业，则不应再以持续经营为基础编制会计报表。如果某些不确定的因素导致对企业能否持续经营产生重大怀疑时，则应当在会计报表附注中披露这些不确定因素。如果会计报表不是以持续经营为基础编制的，则企业在会计报表附注中对此应当首先予以披露，并进一步披露会计报表的编制基础，以及企业未能以持续经营为基础编制会计报表的原因。

遵循企业会计准则的声明

企业应当声明编制的财务报表符合企业会计准则的要求，真实、完整地反映了企业的财务状况、经营成果和现金流量等有关信息。以此明确企业编制财务报表所依据的制度基础。

如果企业编制的财务报表只是部分地遵循了企业会计准则，附注中不得做出这种表述。

重要会计政策和会计估计

根据财务报表列报准则的规定，企业应当披露采用的重要会计政策和会计估计，不重要的会计政策和会计估计可以不披露。

1. 重要会计政策的说明

会计政策是指企业在会计核算时所遵循的具体原则以及企业所采纳的具体会计处理方法。由于企业经济业务的复杂性和多样化，某些经济业务可以有多种会计处理方法，也即存在不止一种可供选择的会计政策。例如，存货的计价可以有先进先出法、加权平均法、个别计价法等；固定资产的折旧，可以有平均年限法、工作量法、双倍余额递减法、年数总额法等。企业在发生某项经济业务时，必须从允许的会计处理方法中选择适合本企业特点的会计政策，企业选择不同的会计处理方法，可能极大地影响企业的财务状况和经营成果，进而编制出不同的财务报表。为了有助于报表使用者理解，有必要对这些会计政策加以披露。

特别提示

需要特别指出的是，说明会计政策时还需要披露下列两项内容：

（1）财务报表项目的计量基础。会计计量属性包括历史成本、重置成本、可变现净值、现值和公允价值，这直接显著影响报表使用者的分析，这项披露要求便于使用者了解企业财务报表中的项目是按何种计量基础予以计量的，如存货是按成本还是可变现净值计量等。

（2）会计政策的确定依据，主要是指企业在运用会计政策过程中所作的对报表中确认的项目金额最具影响的判断。例如，企业如何判断持有的金融资产是持有至到期的投资而不是交易性投资；又比如，对于拥有的持股不足50%的关联企业，企业为何判断企业拥有控制权因此将其纳入合并范围；再比如，企业如何判断与租赁资产相关的所有风险和报酬已转移给企业，从而符合融资租赁的标准；以及投资性房地产的判断标准是什么等等，这些判断对在报表中确认的项目金额具有重要影响。因此，这项披露要求有助于使用者理解企业选择和运用会计政策的背景，增加财务报表的可理解性。

2. 重要会计估计的说明

会计估计是指企业对其结果不确定的交易或事项以最近可利用的信息为基础所做的判断。财务报表列报准则强调了对会计估计不确定因素的披露要求，企业应当披露会计估计中所采用的关键假设和不确定因素的确定依据，这些关键假设和不确定因素在下一会计期间内很可能导致对资产、负债账面价值进行重大调整。

在确定报表中确认的资产和负债的账面金额过程中，企业有时需要对不确定的未来事项在资产负债表日对这些资产和负债的影响加以估计。例如，固定资产可收回金额的计算需要根据其公允价值减去处置费用后的净额与预计未来现金流量的现值两者之间的较高者确定，在计算资产预计未来现金流量的现值时需要对未来现金流量进行预测，并选择适当的折现率，应当在附注中披露未来现金流量预测所采用的假设及其依据、所选择的折现率为什么是合理的等等。又如，为正在进行中的诉讼提取准备时最佳估计数的确定依据等。这些假设的变动对这些资产和负债项目金额的确定影响很大，有可能会在下一个会计年度内做出重大调整。因此，强调这一披露要求，有助于提高财务报表的可理解性。

会计政策和会计估计变更以及差错更正的说明

企业应当按照《企业会计准则第 28 号——会计政策、会计估计变更和差错更正》及其应用指南的规定，披露会计政策和会计估计变更以及差错更正的有关情况。

1. 应当在附注中披露与会计政策变更有关的信息

应在附注中披露与会计政策变更有关的信息，如图 6-9 所示。

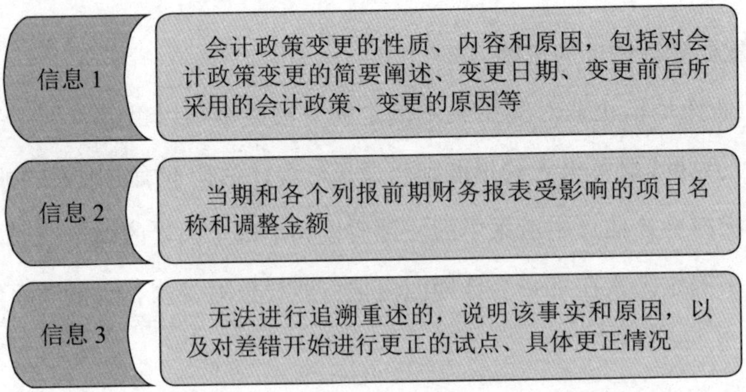

图 6-9 附注中披露与会计政策变更有关的信息

2. 应当在附注中披露与会计估计变更有关的信息

应在附注中披露与会计估计变更有关的信息，如图 6-10 所示。

信息 1	会计估计变更的内容和原因
信息 2	对当期和未来期间的影响数
信息 3	会计估计变更影响数不能确定的，披露这一事实和原因

图 6-10 附注中披露与会计估计变更有关的信息

对减值准备、固定资产折旧等重要会计政策和会计估计的变更情况应详细披露。

3. 应当在附注中披露与前期重大会计差错更正有关的信息

应在附注中披露与前期重大会计差错更正有关的信息，如图 6-11 所示。

信息 1	前期重大会计差错的性质、内容、形成原因
信息 2	各个列报前期财务报表中受影响的项目名称和更正金额
信息 3	无法进行追溯调整的，说明该事实和原因，以及开始应用变更后的会计政策的时点、具体应用情况

图 6-11 附注中披露与前期重大会计差错更正有关的信息

报表重要项目的说明

企业应当以文字和数字描述相结合、尽可能以列表形式披露报表重要项目的构成或当期增减变动情况，并且报表重要项目的明细金额合计，应当与报表项目金额相衔接。在披露顺序上，一般应当按照资产负债表、利润表、现金流量表、所有者权益变动表的顺序及其项目列示的顺序。

报资产负债表日后事项的说明

应说明资产负债表日后股票和债券的发行、对某个企业的巨额投资、自然灾害导致的资产损失以及外汇汇率发生较大变动等重要非调整事项的内容，估计对财务状况、经营成果的影响；如无法做出估计，应说明其原因。

关联方关系及其交易的说明

（1）在存在控制关系的情况下，关联方如为企业时，不论他们之间有无交易，都应说明如下事项：企业经济性质或类型、名称、法定代表人、注册地、注册资本及其变化；企业的主营业务；所持股份或权益及其变化。

（2）在企业与关联方发生交易的情况下，企业应说明关联方关系的性质、交易类型及其交易要素，这些要素一般包括：交易的金额或相应比例；未结算项目的金额或相应比例：定价政策包括没有金额或只有象征性金额的交易。

（3）关联方交易应分别按关联方以及交易类型予以说明，类型相同的关联方交易，在不影响会计报表使用者正确理解的情况下可以合并说明。

（4）对于关联方交易价格的确定如果高于或低于一般交易价格的，应说明其价格的公允性。企业在选择财务报表附注的披露内容时，除了遵守一般的法律规定外，还要选择与财务报表互补性强的内容进行披露。

重要资产转让及其说明

报告期内发生资产置换、转让及出售行为的企业，应专项披露资产置换的详细情况，包括资产账面价值、转让金额、转让原因以及对企业财务状况、经营成果的影响等。

◎财务报表附注的编制形式

根据《企业财务会计报告条例》规定，年度、半年的财务会计报告应当包括会计报表、会计报表附注、财务情况说明书，对于季度、月度财务报告，除了国家统一会计制度规定之外，通常仅指会计报表。

会计报表附注是会计报表的重要组成部分，是为便于使用者理解会计报表的内容而对其编制依据、原则和方法及主要项目等所作的解释，是对会计报表本身无法或难以充分表达的内容所作的补充说明。

会计报表附注的编制形式灵活多样，常见的有以下几种（如图6-12所示）。

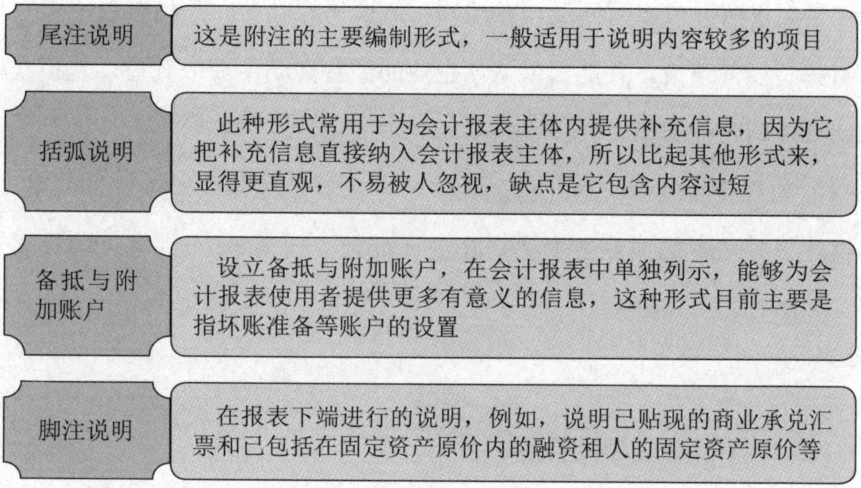

图6-12 会计报表附注编制形式

以上几种形式，企业在编制会计报表附注过程中可以根据实际说明情况加以选择。

◎财务报表附注的分析

尽管资产负债表、利润表和现金流量表的地位不容置疑，但其内容已被高度浓缩提炼，仍不足以反映企业经营活动的全貌，因此，也要重视财务报表附注，来补充表内分析的不足。报表分析者主要应从以下几个方面进行分析：关联交易、或有事项、会计政策和会计方法的选择、表外融资等等。一般说来，财务报表附注披露越详细，企业经营风险透明度越高，信息使用的风险就越小，财务报表分析的效果越好。

1. 关联交易分析

关联交易是指公司与其关联方之间发生的交换资产、提供商品或劳务的交易行为。在企业财务和经营决策中，属于下列情况之一的，就视为关联方：一是如果一方有能力直接或间接控制、共同控制另一方或对另一方施加重大影响；二是如果两方或多方同受一方控制。所谓“控制”，是指有权决定一个企业的财务和经营政策，并能据以从该企业的经营活动中获取利益，包括直接控制和间接控制两种类型。

（1）关联交易类型。在经济活动中，存在着各种各样的关联方关系，也经常发生多种多样的关联方交易。在会计准则中列举了11种常见的关联交易类型，如图6-13所示。

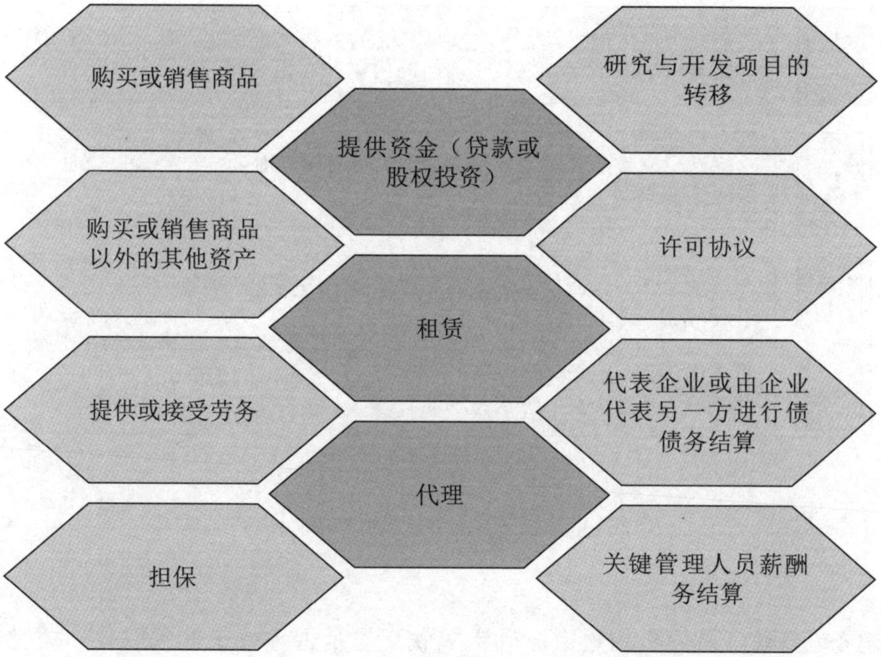

图 6-13 关联交易类型

（2）关联交易的本质和动机。关联交易的动机与目的概括起来是：操纵利润、节约交易成本、转移资金、将净利润转移到主要投资者、重大关系人，从而达到为少数人牟利的目的，分散或承担投资风险，提供了市场外衣下的合法途径。

（3）关联交易的非关联化。不当关联交易主要表现形式有两种：关联交易非关联化和非公允关联交易。我国规定上市企业与关联方之间的交易，如果交易价格明显有失公允，对有失公允的交易价格部分，一律不得确认为当期利润。但是关联交易的非关联化是种更隐蔽、更不易察觉的关联交易，由于被某种表面形式掩盖，使得看起来是非关联交易，它主要有以下几种表现形式，如图 6-14 所示。

1. 形式上消失但仍具有一定实质意义的关联关系，尽管从名义上看不再是其关联方，但在以后一段时间内仍能对相互间的交易发挥影响
2. 刻意隐瞒或藏匿关联关系，找一个“过桥”企业，一笔关联交易变成两笔非关联交易
3. 潜在关联方，通过多重参股间接控制上市企业，隐瞒关联方关系重组过程中，利用潜在关联方来为企业输血，将交易时机选择在正式入驻上市企业前，按非公允价格交易，交易事项完成后，才正式加盟成为关联方，因为交易时还不是法律意义上的关联方，可以名正言顺地避开对于关联方交易的监管

图 6-14 关联交易的非关联化的表现形式

（4）关联交易分析的重点。确定关联交易是否进行了非关联化，关键是查清交易中的“实际控制人”。“实际控制人”是指那些名义上没有控制，但实际上有控制权的法人和自然人。目前我国对关联交易的立法层次很低。分析时，应当将间接重大关系非关联交易也视为关联交易。

2. 或有事项分析

或有事项，是指过去的交易或者事项形成的，其结果须由某些未来事件的发生或不发生才能决定的不确定事项。

（1）或有事项内容

或有事项是指企业过去的交易或事项存在的一种状况，是资产负债表的一种客观存在，其结果须由未来事件的发生或不发生予以证实，包括或有资产和或有负债。（如图 6-15 所示）

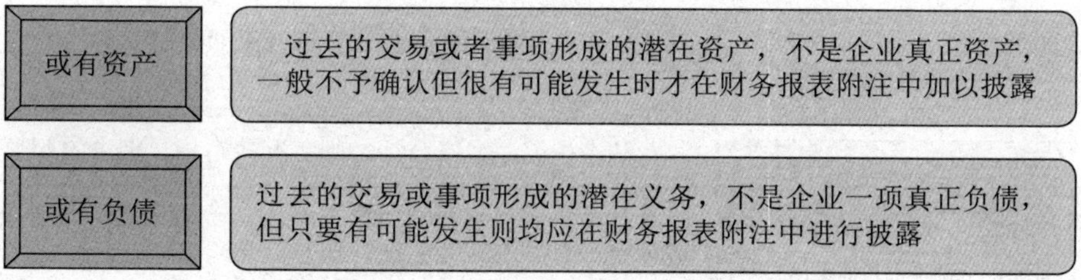

图 6-15 或有事项的内容

（2）或有事项分析重点。对于财务报表分析者来说，对或有事项进行分析关键是分析企业的“或有负债”，依据企业会计准则对或有资产的确认有严格的限制，只有在赔偿金额基本确定时才予以确认。企业对于其存在的“或有负债”，可能依据“可能性”的概率选择进行操作和隐瞒，因而，重点分析或有事项的规范披露。

3. 会计政策和会计方法的选择分析

（1）会计政策和会计方法概述。会计政策和会计方法是指企业在会计核算时所遵循的具体原则以及企业所采用的具体会计处理方法。由于会计政策和方法选择的多样性，企业对同异类经济业务的处理可以有不同的方法，其最终结果也会产生差异，企业出于自身利益最大化的目的会选择有利于自身的会计政策和方法来进行所谓的“合理调控”。它主要特点是钻会计准则漏洞，要么是会计准则没有做出规定的，要么是会计准则本身是矛盾的或模糊不清的，这在一定程度上说明了会计准则落后于会计实务，这给会计游戏者提供了利润操纵空间。会计政策和会计方法的选择在本质上是违背了会计制度和会计准则的“真实”“相关”性原则，但不会受到违法的指控。

（2）会计政策和会计方法分析重点。（如图 6-16 所示）

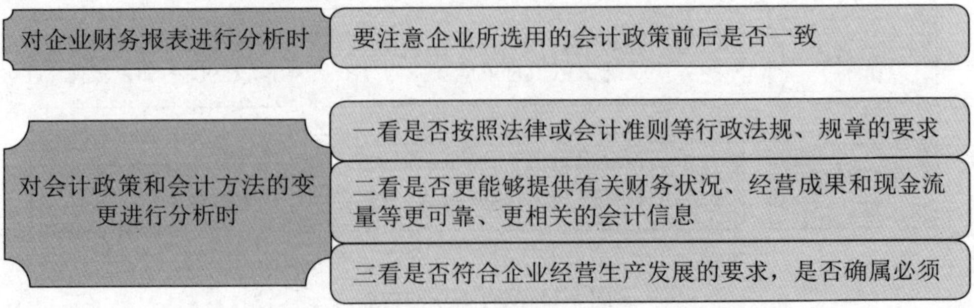

图 6-16 会计政策和会计方法分析重点

如果会计政策和会计方法的选择既不合法也不合理，则要分析是否存在管理者操纵报表的嫌疑。

◎财务报表附注解读要点

会计报表附注包涵丰富的内容，提供了企业会计报表真实程度的依据或线索。会计报表附注越详细，我们判断企业会计报表反映其财务状况及经营成果和现金流量情况真实程度的依据或线索就越多。

在分析上市公司的会计报表之前，我们应该先阅读和分析会计报表附注。在分析会计报表的过程中，我们需要不断结合会计报表附注分析、寻找辨别会计报表真实程度的调查分析重点。

解读和分析会计报表附注的要点如图 6-17 所示。

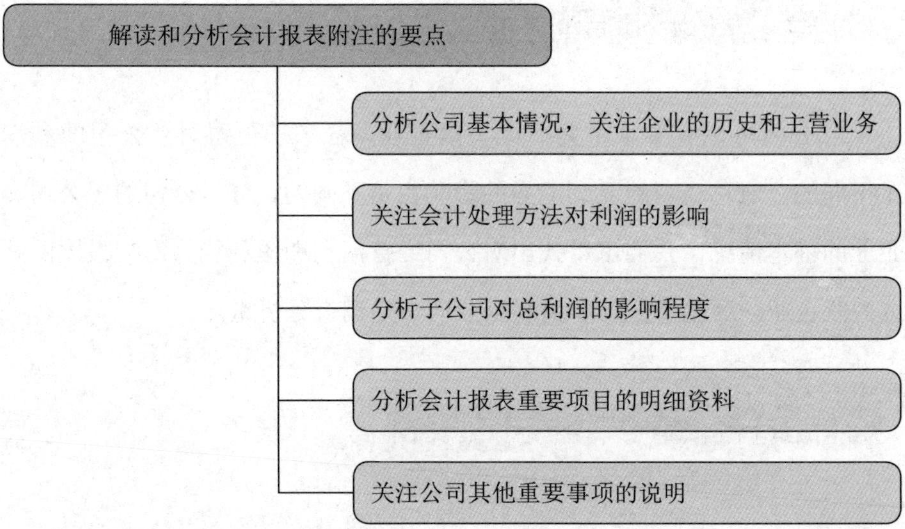

图 6-17 解读和分析会计报表附注的要点

分析公司基本情况，关注企业的历史和主营业务

在判断会计报表反映其财务状况及经营成果和现金流量情况的真实程度之前，我们必须了解公司的历史和主营业务范围，分析公司的重大历史事件可能影响公司盈利前景的程度，分析公司所处行业的发展状况及其对公司盈利能力的影响程度。

关注会计处理方法对利润的影响

由于根据相同的原始会计纪录，使用不同的会计处理方法，可以编制出不同财务数据的会计报表，得出不同的净利润，所以我们必须关注上市公司使用哪些会计处理方法和是否变更了会计处理方法，以及会计处理方法及其变更对净利润的影响。

分析子公司对总利润的影响程度

一家公司可以有多家子公司或关联企业，各家子公司对总公司的利润贡献是不同的，对总公司的盈利能力的影响也是不同的。分析公司的子公司和关联企业的基本情况，我们可以找出对公司经营活动和盈利能力影响最大的子公司或关联企业。这些子公司和关联企业应该是调查分析重点。

分析会计报表重要项目的明细资料

会计报表附注的主要项目注释，列示会计报表中有关重要项目的明细资料，这些明细资料是判断会计报表反映公司财务状况及经营成果和现金流量情况真实程度的重要线索。

我们必须逐一仔细阅读和分析会计报表重要项目的明细资料，这是判断会计报表反映其财务状况及经营成果和现金流量情况真实程度的重要步骤。

分析会计报表重要项目的明细资料

会计报表附注列示了公司关联方关系及交易的明细资料、承诺事项的明细资料、或有事项的明细资料、资产负债表日后事项中的非调整金额，以及其他重要事项的说明。这些重要事项的说明可能成为辨别公司会计报表反映其财务状况及经营成果和现金流量情况真实程度的重要线索。公司与其母公司和子公司等关联方的交易可能会对会计报表数据有比较大的影响。

在会计报表附注分析中，我们可以寻找到辨别会计报表反映公司财务状况及经营成果和现金流量情况真实程度的有用线索。

看懂财务情况说明书

财务情况说明书，是会计部门归纳和总结了企业年度、半年度生产经营情况、财务状况与经营成果后，制作的、用以正式发布的书面文件，是比较重要的企业财务文档。如果说财务报表是将客观存在的数据，整理成规定的格式展示出来，那么财务情况说明书，就是将财务报表中数据所展示的经营情况、财务状况和经营成果，以文字的形式总结出来并加以说明，使非专业人士也能明白财务报表的数据。

◎财务情况说明书的格式

财务情况说明书可以单独成册，配上封面，也可以与其他报表一起集合成财务报告。常见的、单独成册并带有封面的财务情况说明书，其格式如图6-18所示。

×× 科技股份有限公司 财务情况说明书 2019 年度 ×× 公司财务部 2019 年 1 月 23 日	一、企业生产经营的基本情况 （一）××××× 公司成立于 ×××× 年 ×× 月 ×× 日，公司的主营业务范围：(根据营业执照上抄）。企业从业人员共 ×× 人，全部是 ×× 以上学历，并具有专业的从业经历，适应企业的发展及业务需要。 （二）生产经营情况 ××××× 公司为 ×××× 年度成立的企业，企业处于 ×××××× 的阶段，在 ××××× 年度有 ×××× 营业收入，在 ×××× 年度会实现 ××××× 收入。 二、利润实现、分配情况 公司目前处于 ×××× 的状况。预计在 ×××× 年度会有 ×××× 左右的收入，并实现盈利 ××××。以达到预期目标。 三、资金增减和周转情况 （一）各项资产所占比重 ×××× 年度期末流动资产占总资产的 ××%，固定资产占总资产的 ××%，公司资产的比重正常健康。公司成立至今，资产结构一直稳健正常。 （二）负债情况 负债为短期负债和长期负债，短期负债占负债的 ××%，长期负债占负债的 ××%，均在合理的时间范围内，因此相对稳定。 四、针对本年度企业经营管理中存在的问题 新年度拟加强内部管理，增加外部沟通，激励员工等具体措施来提高公司的经营业绩，扩大公司的业务范围。

图 6-18 财务说明书的格式

从图 6-18 所示中可以看到，财务情况说明书以文字说明为主，基本以简单明了的短句，说明相应的财务状况。

◎财务情况说明书的内容

财务情况说明书，实际上就是用简单明了的语言，对公司相关的财务情况进行文字说明。按照《企业财务会计报告条例》和国家统一的会计制度的规定，在财务情况说明书中，必须对以下的情况进行细部的说明。

企业生产经营的基本情况

对企业生产经营的基本情况的说明，包括内容如图 6-19 所示。

1 企业的主营业务范围及经营情况

2 按销售额排列公司在本行业的地位

3 主要商品占销售市场的百分比

4 公司员工数量和专业素质及培养提高的目标

5 经营中出现的问题与困难以及解决方案

6 公司经营环境情况，如采购环境、生产环境和销售环境的变化

7 新年度的业务发展计划，如生产经营的总目标及措施、配套资金的筹措计划、新产品的开发计划等

图 6-19 企业生产经营的基本情况说明

利润实现和分配情况

虽然利润的分配和实现情况，在利润表和利润分配表中都有相应的数据，但是并不是每个人都能看明白，所以可以对本年度企业盈利情况和利润分配情况，做一个简要说明。

（1）主营业务收入的同比增减额及主要影响因素，包括销售量、销售价格、销售结构变动和新产品销售，以及影响销售量的滞销产品种类、库存数量等。

（2）成本费用变动的主要因素，包括原材料费用、能源费用、工资性支出、借款利率调整对利润增减的影响。

（3）其他业务收入、支出的增减变化，若其收入占主营业务收入 10%（含 10%）以上的，则应按类别披露有关数据。

（4）同比影响其他收益的主要事项，包括投资收益，特别是长期投资损失的金额及原因；补贴收入各款项来源、金额以及扣除补贴收入的利润情况；出售、转让固定资产，无形资产，在建工程产生的处置利得或损失反映在资产处置损益；影响营业外收支的主要事项、金额。

（5）利润分配情况

（6）利润表中的项目，如两个期间的数据变动幅度达 30%（含 30%）以上，且占报告期利润总额 10%（含 10%）以上的，应明确说明原因。

（7）会计政策变更的原因及其对利润总额的影响数额，会计估计变更对利润总额的影响数额。

（8）其他。

资金增减和周转情况

对企业的资金增减及周转情况进行详细说明，如图 6-20 所示。

1. 本年度内公司各项资产负债、股东权益、利润构成等项目的增减情况及其原因
2. 存货、应收账款、流动资产、总资产等资产的周转率等

图 6-20 资金增减和周转情况内容

所有者权益（或股东权益）增减变动情况

所有者权益（或股东权益）增减变动情况如图 6-21 所示。

1. 会计处理追溯调整影响年初所有者权益（或股东权益）的变动情况，并应具体说明增减差额及原因
2. 所有者权益（或股东权益）本年初与上年末因其他原因变动情况，并应具体说明增减差额及原因
3. 所有者权益（或股东权益）本年度内经营因素增减情况
4. 对国有资本保值增值产生影响的主要客观因素情况及增减数额

图 6-21 所有者权益（或股东权益）增减变动情况内容

企业收支指标进行全面分析

从数据后面阐述问题的原因，从分析得出企业的经营情况，对存在的问题进行阐述，新年度拟采取的改进管理和提高经营业绩的具体措施。

除了以上几点外，对企业财务状况、经营成果和现金流量有重大影响的其他事项也要在财务情况说明书中说明。

通过以上几个方面的内容介绍可以发现，财务情况说明书实际上就是用简明扼要的语言，把公司基本的财务情况做一个简单的说明。

◎财务情况说明书编制实例

【例 6-1】 东区工厂 2018 年度财务情况说明书

2018 年，我厂随着企业内部改革的深入和技术改造的加紧进行，设备已大部分达到国内先进水平，并生产出多种优质产品，生产经营和财务状况均有明显的好转。产品销售收入达到 4100 万元，比上年增加 11.35%；利润总额实现 1243 万元，比上年增加 15.32%；上缴利税 890 万元，比上年增加 15.11%。

一、利润情况

本年，我厂利税润总额为 1243 万元，比上年增加 1. 98%。销售收入利税达到 26.31%，是企业经济效益较好的一年。从利润增减因素上分析：

1. 本年与上年相比，增利共为 ×× 万元。其中：

（1）经企业主管部门和物价部门批准，提高了部分产品销售价格，因而比上年增加利润 ×× 万元。

（2）由于产品销售量增加，比上年增利 ×× 万元。

（3）企业技术改造之后，品种结构发生变化，增加新产品 7 种，增利 ×× 万元。

（4）由于减少外协加工部件，比去年减少亏损 ×× 万元。

（5）由于部分物资消耗定额比去年略有降低，从而使部分产品成本降低 ×× 万元。

（6）营业外收入比去年增加 ×× 万元。

2. 本年减利共为 ×× 万元。

(1) 由于销售成本增加，影响利润比去年减少 ×× 万元。

(2) 由于综合税率提高和产品销售量的影响，税金增加，使利润比去年减少 ×× 万元。

(3) 由于销售费用上升，影响本年利润减少 ×× 万元。

(4) 由于外卖材料亏损，减少利润 ×× 万元。

(5) 由于营业外支出增加，相应减少利润 ×× 万元。

二、产品成本分析

本年，我厂全部商品总成本为 ×× 万元，可比产品成本 ×X 万元，按上年平均单位成本计算为 ×× 万元，上升 ×%。

1. 原材料价格变动，影响成本上升 ×× 万元。其中：

(1) 部分铝材价格上调，影响成本上升 ×× 万元。

(2) 镍价格上调，影响成本上升 ×× 万元。

(3) 铬材价格上调，影响成本上升 ×× 万元。

2. 燃料、动力及运费提价导致成本上升 × 万元。其中，煤炭提价 x 万元；电费上升 × 万元；运费上升 × 万元；水费上升 × 万元。

3. 工资及附加费增加 ×× 元。

4. 制造费用增加，影响成本上升 × 万元。

5. 通过“双增双节”部分产品的原材料消耗定额降低，使成本下降 ×× 万元。

6. 本年通过落实增收节支措施，废品损失比去年减少 ×× 万元。

三、资金分析

本年，流动资金年末占用额为 ×× 万元，比年初增加 ×× 万元。周转天数为 ×× 天，与去年相同。

在流动资金中，储备资金年末占用额为 ×× 万元，比年初增加 ×× 万元；生产资金年末占用额为 ×× 万元，比年初增加 ×× 万元；成品资金年末占用额为××万元，比年初增加××万元，结算资金占用××万元，比年初增加××万元。其中，发出商品增加××万元，其他应收账款增加××万元。

综上所述，本年我厂的经济效益已从一度下滑转为上升的趋势。这是对企业进行技术改造、适时调整产品结构所产生的结果，也是工厂内部改革逐步深化和开展“双增双节”活动所带来的成果。当前，我厂生产经营上的最大困难是资金紧缺，难以调度。如按正常需要计算，至少需补充720万元的流动资产，才能确保生产经营的良性循环。现在，本厂的技术改造虽已局部完成，并已发挥效用；但若彻底进行更新改造，也需积累、筹集一大笔资金才能展开。

第七章

高屋建瓴——鸟瞰会计报表

不同的信息使用者，在进行财务会计报告分析时，都从各自的不同目的出发来衡量和评价企业的财务状况和经营情况。虽然财务会计报告使用者的决策目标各有不同，但所需的信息主要集中于企业的盈利能力、营运能力、偿债能力和发展能力上。通过本章的阅读，我们可以获知企业各项能力的分析内容、评价指标等，同时我们也会对企业财务报表造假现象的成因及造假手法有一个大致的了解，从而通过有效的财务报表鉴别方法规避风险。

学习导读：

◆掌握衡量企业盈利能力和营运能力的分析指标

◆掌握衡量企业偿债能力和支付能力的分析指标

◆掌握衡量企业发展能力的分析指标

◆熟悉财务报表造假成因及造假手法

◆掌握财务报表错弊的识别方法

衡量企业的盈利能力

盈利能力是指企业赚取利润的能力。利润是企业内外有关各方都关心的中心问题、利润是投资者取得投资收益、债权人收取本息的资金来源，是经营者经营业绩和管理效能的集中表现，也是职工集体福利设施不断完善的重要保障。因此，企业盈利能力分析十分重要。

◎利润表盈利能力分析内容

利用利润表对企业盈利能力的分析主要包括以下几个方面，如图7-1所示。

企业投资盈利能力分析

通过对实现利润和占用投入资金比率的分析，用来评价企业投入资金的增值能力。投资盈利分析主要是对总资产报酬率、净资产收益率、资本金利润率等指标进行分析与评价

企业经营盈利能力分析

利用利润表资料进行利润率分析，包括收入利润率分析和成本利润率分析两方面内容。反映收入利润率的指标有营业毛利率（销售毛利率）、营业利润率、营业净利率等；反映成本利润率的指标有：营业成本费用利润率和全部成本费用利润率等

上市公司盈利能力分析

上市公司盈利能力分析即对每股盈余指标、每股股利指标、市盈率指标以及每股净资产指标进行分析

图7-1 盈利能力分析的主要内容

◎利润表盈利能力分析指标

投资盈利能力分析指标

投资盈利能力是企业投入资金的增值能力，一般用实现利润和占用投入资金的比率来说明投资收益能力的大小。投资盈利能力评价指标如表 7-1 所示。

表 7-1 投资盈利能力分析指标

评价指标	计算公式	指标分析
总资产报酬率	$\frac{利润总额+利息支出}{平均总资产}\times 100\%$ 其中，平均总资产＝（期初资产总额＋期末资产总额）/2	总资产报酬率全面地揭示了在不考虑资产的来源，即融资种类差异的前提下，各类融资同等使用可以获得的平均收益率。该指标越高，表明资产利用效率越高，说明企业利用资产创造的利润越多，整个企业盈利能力越强，经营管理水平越高；该指标越低，说明企业资产利用效率低，应分析差异原因，提高销售利润率，加速资金周转，提高企业经营管理水平
净资产收益率	$\frac{净利润}{平均净资产}\times 100\%$ 其中，平均净资产＝（年初净资产＋年末净资产）/2	净资产收益率是反映企业自有资本及其积累获取报酬水平的最具综合性与代表性的指标。该指标不受行业不同的限制，通用性强，适用范围广。一般来说，净资产收益率越高，资本运营效益越好，投资者和债权人受保障的程度也越高
资本金利润率	$\frac{利润总额}{资本金总额}\times 100\%$	资本金利润率是反映投资者投入企业资本金的获利能力的指标。该指标越大，说明投资者投入资本的获利能力越强，对投资者越具吸引力。反之，则收益水平不高，获利能力不强

【例 7-1】总资产报酬率的计算

东兴公司 2017 年净利润为 750 万元，所得税 400 万元，财务费用 450 万元，年末资产总额 7200 万元；2018 年净利润 650 万元，所得税 350 万元，财务费用 500 万元，年末资产总额 10 000 万元。假设 2017 年初资产总额 6300 万元，则公司总资产报酬率计算如下：

2017 年总资产报酬率 =（750+400+450）/ [（6300+7200）/2] ×100% = 23.7%

2018 年总资产报酬率 =（650+350+500）/ [（7200+10000）/2] ×100% = 17.44%

由计算结果可知，东兴公司 2018 年总资产报酬率要大大低于上年，需要对公司资产的使用情况，增产节约情况，结合成本效益指标一起分析，以改进管理，提高资产利用效率和企业经营管理水平，增强盈利能力。

经营盈利能力分析指标

企业经营盈利能力主要反映在经营过程中创造利润的能力。经营盈利能力分析指标如表 7-2 所示。

表 7-2 经营盈利能力分析指标

评价指标	计算公式	指标分析
营业（销售）毛利率	$\frac{销售毛利润}{净销售收入} \times 100\%$	营业毛利率反映了企业业务的获利能力，表明企业每单位销售收入和扣除销售成本后有多少钱可以用于弥补各项期间费用形成盈利。该指标越高，表明企业获取利润的把握性越大
营业利润率	$\frac{营业利润}{净销售收入} \times 100\%$	营业利润率是衡量企业经营效率的指标，反映了在不考虑非营业成本的情况下，企业管理者通过经营获取利润的能力。营业利润率越高，说明企业盈利能力越强
营业净利率	$\frac{净利润}{净销售收入} \times 100\%$	营业净利率是企业销售的最终获利能力指标，比率越高，说明企业的获利能力越强。但是它受行业特点影响较大，通常来说，越是资本密集型企业，营业净利率就越高；反之，资本密集程度较低的企业，营业净利率也较低。该比率分析应结合不同行业的具体情况进行

续表

评价指标	计算公式	指标分析
营业成本费用利润率	$\frac{利润总额}{营业成本+期间费用}\times100\%$ 其中，期间费用 = 销售费用 + 管理费用 + 财务费用	营业成本费用利润率指标反映企业每消耗一百元成本费用所能够创造的利润额。该指标越高，表示企业耗费单位成本和费用取得的利润越高，企业的投入产出比越高，企业盈利能力越强，企业经济效益越好
全部成本费用利润率	$\frac{利润总额}{营业成本+期间费用+营业外支出}\times100\%$	全部成本费用利润率指标反映了企业每消耗一百元成本费用或损失所能够创造的利润额。该指标越高，表示企业的投入产出比越高，企业经济效益越好

【例 7-2】青云企业生产和销售普通服装和高档服装两种不同的产品。其中，普通服装单位售价为 30 元 / 件，单位成本为 23 元 / 件；高档服装单位售价为 100 元 / 件，单位成本为 33 元 / 件。该厂 11 月份售出普通服装 1000 件，高档服装 200 件。那么，该厂 11 月份的销售毛利率为：

销售毛利率 =（销售收入 - 销售成本）/ 销售收入 ×100%

=[（1000×30+200×100）-（1000×23+200×33）]/50000×100%=40.8%

可以看出，该厂销售毛利率较高，表示该厂盈利能力较强。

上市公司盈利能力分析指标

与上市公司股本有关的盈利能力分析指标主要如表 7-3 所示。

表 7-3 上市公司盈利能力分析指标

评价指标	计算公式	指标分析
每股盈余（收益）	$\frac{净利润-优先股股利}{年末普通股股数}$	每股盈余用以衡量上市公司普通股股票的价值，也是反映其盈利能力最重要的指标，每股盈余越高，盈利能力就越强，普通股股价就越有上升的空间

续表

评价指标	计算公式	指标分析
每股股利	$\frac{派发给普通股股东的股利总额}{流通在外普通股股份总额}$	上市公司一般在支付优先股股利并提取任意盈余公积金后，再向普通股股东支付股利。每股股利代表公司每年从可供分配的利润中实际派发给普通股股东现金股利的多少。该指标越高，不仅能够体现公司具有较强的盈利能力，而且体现公司的股利政策和现金是否充足
市盈率	$\frac{普通股每股市价}{普通股每股盈余}\times100\%$	市盈率是通过公司股票的市场行情间接评价公司盈利能力的指标。该指标越高，表明市场对公司的未来发展前景越看好，企业获利的潜力越大
每股净资产	$\frac{年末股东权益总额}{年末普通股股份总数}$	每股净资产所代表的实质是每一普通股所含的净资产有多少。在公司性质相同、股票市价相近的条件下，股票每股资产越高，则表明该公司发展潜力与股票的投资价值越大，投资者所承受风险越小

特别提示

（1）在实际进行盈利能力分析时，还要对上市公司的每股盈余指标值进行横向（同行业不同公司间）和纵向（本公司不同年度）比较，进一步评价该公司盈利能力的趋势。

（2）在计算每股盈余时，应注意上市公司的股票有普通股和优先股之分。财务制度规定，优先股股利在提取任意盈余公积金和支付普通股股利之前支付。因此，应该说普通股股东是公司资产权益真正的拥有者和公司风险的承担者。若公司发行了优先股，则计算每股盈余时，分子应是净利润扣除分配给优先股后的余额。若公司在会计年度内发行了新股或分派股票股利，则普通股股数，即公式中的分母的计算应是加权平均发行在外的普通股股数，即等于发行在外普通股股数与发行的月份数乘积的和，再除以12。

◎现金流量表盈利能力分析指标

除了利用利润表分析企业盈利能力外，企业也可以通过现金流量的分析来衡量盈利能力。这是因为对于一个企业来说，评价其盈利能力最终要落实到现金流入能力的保证上，即通过对现金流量的分析来对企业的盈利能力进行客观分析。

利用现金流量表分析企业的盈利能力，就是把经营活动产生的现金净流量与净利润、企业总资本等进行比较，从而揭示企业保持现有经营水平、创造未来利润的能力。与现金流量表项目相关，用于反映企业盈利能力的指标如表 7-4 所示。

表 7-4　现金流量表盈利能力分析指标

评价指标	计算公式	指标分析
销售现金比率	$\frac{\text{经营活动现金净流量}}{\text{销售收入总额}}\times 100\%$ 其中，销售收入总额 = 主营业务收入 + 其他业务收入	销售现金比率能够准确地反映企业每实现 100 元的销售收入，收到的净现金是多少。该指标越大，说明企业货款回笼越及时，销售品质越好
总资产净现率	$\frac{\text{经营活动现金净流量}}{\text{企业平均资产总额}}\times 100\%$ 其中，平均资产总额 =（期初资产总额 + 期末资产总额）÷2	总资产净现率用来衡量每一百元的资产，本年内通过经营带来了多少的现金。该指标越大，说明企业运用资产获得经营活动现金净流量的能力就越强，企业的盈利能力也就越强
盈利现金比率	$\frac{\text{经营活动现金净流量}}{\text{净利润}}\times 100\%$	盈利现金比率用来衡量企业每获得的一百元利润中，有多少是从经营活动中获得的可以随时使用的现金。该指标越大，企业的盈利能力越强，其盈利质量也越强

【例 7-3】西南公司 2018 年销售现金比率计算资料如表所示：

西南公司销售现金比率计算表

单位：元

年份	2018 年年底	其他说明
①经营活动现金净流量	471.35	数据来源于现金流量表项目
②销售收入总额	3345.43	数据来源于利润表项目
销售现金比率 =① / ② ×100%	14.09%	

从上表的计算结果看来，该餐厅在 2018 年时，每销售 100 元的产品，付完所有该付的钱后，自己能收入口袋的钱是 14.09 元，这一数值已经相当可观了。

透视企业的营运能力

营运能力是指企业有效运用各种资产赚取利润的能力，企业资产营运状况如何，直接关系到企业的赢利能力，资产营运能力越强，企业获利能力就越高，资本增值也越快；反之，资产营运能力弱，获利能力就低，资本增值就慢。从资产负债表上分析企业的营运能力主要通过资产的营运能力和资产的增值能力两方面进行。

◎资产负债表流动资产营运能力分析

从资产负债表分析企业流动资产营运能力主要从以下三方面进行。

分析应收账款周转速度

反映应收账款周转速度的指标有两个：应收账款周转率（次数）和应收账款周转天数（平均收现期）。（如表 7-5 所示）

表 7-5 反映应收账款周转速度的分析指标

评价指标	计算公式
应收账款周转率	$\frac{\text{年赊销收入净额}}{\text{应收账款平均余额}}\times 100\%$ 其中：应收账款平均余额 =（期初应收账款余额＋期末应收账款余额）/2；年赊销收入净额在实务中多采用主营业务收入
应收账款周转天数	$\frac{\text{计算期天数}}{\text{应收账款周转率}}=\frac{\text{应收账款平均余额}\times\text{计算期天数}}{\text{年赊销收入净额}}$

应收账款周转率是衡量企业从赊销客户收回现金的能力，表示应收账款在一定时期（通常是一年）内变现周转的次数。它反映了企业应收账款的质量和管理应收账款的效率。一般来说，应收账款周转率越高，周转天数越短，说明企业收回应收账款的速度越快，资产管理水平也越高。及时收回应收账款，不仅可以减少或避免发生坏账损失，而且能够增强企业的偿债能力；反之，企业的营运资金会过多地呆滞在应收账款上，影响资金的正常周转。

但是应收账款周转次数并非越多越好。应收账款周转率和应收账款周转天数这两个比率与公司的信用政策环境有密切联系。应收账款周转越快，销售实现距离实际收到现金的时间就越短，但过快的应收账款周转速度与过短的平均收现期可能意味着企业过于严厉的信用政策，这样会限制企业销售量的扩大，从而影响企业的利润大幅度减少。

评价企业应收账款周转速度的好坏，要结合企业的经营特点，并将计算出的指标与企业前期、与行业平均水平或其他类似企业的指标相比较，以得出比较正确的分析结论。

分析存货周转速度

同应收账款一样，反映存货周转速度的指标有两个：存货周转率（次数）和存货周转天数。（如表 7-6 所示）

表 7-6 反映存货周转速度的分析指标

评价指标	计算公式
存货周转率	$\frac{\text{主营业务成本}}{\text{存货平均余额}}$ 其中：存货平均余额＝（期初存货余额＋期末存货余额）
存货周转天数	$\frac{\text{计算期天数}}{\text{存货周转率}}=\frac{\text{存货平均余额}\times\text{计算期天数}}{\text{主营业务成本}}$

存货周转率是一定时期主营业务成本与存货平均余额的比率，表示存货在一定时期（通常是一年）内周转的次数。它可用于衡量企业一定时期的销售能力和存货的变现能力。一定时期内，存货周转次数越多，周转天数越短，说明存货周转速度越快，表明存货越具有流动性；反之，存货周转速度越慢，存货储存过多，占用资金就多。但过快的周转速度可能是存货占用水平过低或存货频繁发生缺货的信号，可能会使企业丧失某些生产和销售机会。因此，在分析企业存货周转速度时，应结合同行业的存货平均占用水平和企业过去的存货周转情况进行判断。

特别提示

在运用存货周转速度指标进行分析时，还应注意以下几个方面：

1. 存货的计价方法。存货发出时的计价方法有先进先出法、加权平均法、移动加权平均法和个别计价法等。不同的计价方法计算出的销售成本和期末存货成本是不同的。企业存货计价方法的变更将会直接影响到其周转速度的计算，但这可能并不能反映企业存货管理效率的变化，也不能据此变化来判断企业存货营运能力的下降或上升。其次，存货的期末计价采用的是成本与可变现净值孰低法，当存货期末的可变现净值低于成本时，应当计提存货跌价准备。因此，存货周转速度的计算还受存货市场价值的影响。

2. 存货周转速度指标有时会掩盖存货的结构性矛盾。存货的项目很多，结构复杂，如有供应环节的原材料，生产环节的在产品，销售环节的产成品等。按全部存货计算其周转速度，其指标数值的高低变化或不合理性难以反映是采购过量还是销售不足造成的。

3. 利用该指标进行分析时，还应综合考虑存货的进货批量、生产销售的季节性变化及存货结构等因素。

营业周期

营业周期是指从外购存货承担付款义务到销售存货并收回现金为止的这段时间。该指标表明，需要多长时间才能将存货全部变为现金。其计算公式为：

营业周期＝存货周转天数＋应收账款周转天数

可见，营业周期的长短取决于存货周转速度和应收账款周转速度两个指标。营业周期越短，说明资金周转速度越快；反之，则资金周转速度越慢。营业周期的长短是决定公司流动资产需要量的重要因素。较短的营业周期表明对应收账款和存货的有效管理。

在运用该指标时应注意到：不同企业采用不同的存货计价方法导致不同的期末存货价值，从而会缩短或延长存货周转天数，因此会影响到营业周期的计算；不同企业采用不同的坏账准备计提方法和提取比例，会使不同企业之间的应收账款周转天数的计算结果产生差异，因而也会影响到营业周期的计算；并且外部报表使用者通常只能用销售收入净额而不是赊销净额计算应收账款周转天数，可能会缩短应收账款的周转天数，进而缩短企业的营业周期。

流动资产周转速度

衡量流动资产周转速度的指标有两个：流动资产周转率（次数）和流动资产周转天数。（如表 7-7 所示）

表 7-7 反映存货周转速度的分析指标

评价指标	计算公式
流动资产周转率	$\frac{\text{主营业务收入}}{\text{流动资产平均余额}}$ 其中：流动资产平均余额＝（流动资产期初余额＋流动资产期末余额）/2
流动资产周转天数	$\frac{\text{计算期天数}}{\text{流动资产周转率}}=\frac{\text{流动资产平均余额}\times\text{计算期天数}}{\text{主营业务收入}}$

流动资产周转率是指企业一定时期（通常是一年）内流动资产周转的次数，也称流动资产周转次数，反映企业全部流动资产的利用效果。流动资产周转天数是指流动资产周转一次所需要的天数。

在正常情况下，流动资产在一定时期内完成的周转次数越多或是完成周转一次所需要的天数越少，流动资产周转越快，就会相对节约流动资产，等于相对扩大了资产投入，增强了企业的赢利能力，说明企业资金使用效果越好，流动资产营运能力越强；反之，若流动资产周转速度慢，为了维持正常经营，企业必须不断补充流动资产，投入更多的资源，形成资产使用低效率，也降低了资产赢利能力。

在对企业进行流动资产周转速度分析时，应以企业以前年度水平、同行业平均水平等进行对比分析，综合评价企业流动资产周转速度的合理性，促使企业采取措施扩大销售，提高流动资产的综合使用效果。

【例 7-4】

2016 年至 2020 年红星公司营运能力指标

比率名称	2016 年	2017 年	2018 年	2019 年	2020 年
应收账款周转率	14.72	14.42	10.24	8.14	8.54
应收账款周转天数 / 天	24.46	24.96	35.14	44.2	42.15
存货周转率	10.15	16.06	16	11.1	8.5
存货周转天数 / 天	31.38	22	20.35	28.85	42
营业周期 / 天	56.72	46.05	56.32	72.95	84.01
流动资产周转率	1.76	3.27	3.24	2.95	2.22
固定资产周转率	1.63	1.93	1.68	1.39	0.98
总资产周转率	0.75	1.06	0.95	0.82	0.61

存货周转率每年都在 8.5 次以上，最快的周转期为 22 天，最慢为 42 天，表明公司存货至少能在一个多月就能周转一次，说明公司的存货周转速度是比较快的。但是，从趋势上看，从 2017 年到 2020 年，存货周转期在逐年递增，特别是在 2020 年存货周转期大幅增加比 2017 年增加了 20 多天。

对照公司的资产负债表和损益表发现，2020 年主营业务收入比 2017 年仅提高了 18%，而存货却提高了 151.9%，主营业务收入和存货并不成比例增长，说明公司对存货的管理效率在逐年下降，应当引起足够的重视，加强对存货的管理，以免由于存货的积压而造成资金积压。

流动资产周转率从总体上看，周转得还是比较快的，最快的 2017 年达到 3.27 次，说明公司的流动资产运用效率比较好。但是，从 2018 年开始，该指标值逐年下降，到 2020 年下降到 2.22 次，下降了 32.11%，究其原因，主要是应收账款和存货的相应增加，减缓了流动资产的周转速度，公司应引起注意，加强对流动资产的管理，提高流动资产的利用效率。

固定资产周转率呈不断下降的趋势，2020年指标值比2017年下降了49.22%，下降幅度是比较大的，主要原因是公司加大固定资产的投资，2020年固定资产净值比2017年提高了149.42%。

营业周期是由应收账款周转天数和存货周转天数共同决定的，如前所述，红星公司的应收账款周转期和存货周转期都比较短，故该公司的营业周期也比较短，最短为46.05天，最长为84.01天。与其他各项资产一样，总资产周转率也呈不断下降的趋势，主要原因是公司扩大规模，加大投资力度，放宽信用政策，扩大销售等。

◎资产负债表固定资产营运能力分析

资产负债表反映固定资产周转速度的指标主要是固定资产周转率，它是衡量固定资产利用效率的一项指标。其计算公式为：

固定资产周转率＝主营业务收入 / 固定资产平均净值

其中：固定资产平均净值＝（年初固定资产净值＋年末固定资产净值）/2

固定资产周转率高，表明企业固定资产利用充分，同时也表明固定资产投资得当，结构合理，能够充分发挥使用效率；反之，则表明固定资产使用效率不高，提供的生产成果不多，固定资产营运能力不强。

◎资产负债表总资产营运能力分析

反映总资产周转速度的指标有两个：总资产周转率和总资产周转天数。如表7-8所示。

表 7-8 反映存货周转速度的分析指标

评价指标	计算公式
总资产周转率	$\frac{主营业务收入}{总资产平均余额}$ 其中：总资产平均余额=（期初资产总额+期末资产总额）/2
总资产周转天数	$\frac{计算期天数}{总资产周转率}=\frac{总资产平均余额\times计算期天数}{主营业务收入}$

总资产周转率是指企业全部资产在一定时期（通常是一年）内完成的周转次数，表示企业利用其总资产产生销售收入的效率。总资产周转天数是指全部资产完成一次周转所需要的天数。

总资产周转率越高，周转天数越短，表明企业利用全部资产进行经营的效率越高，赢利能力越强；反之，说明企业利用全部资产的效率较低，造成资产浪费，降低企业赢利能力。

在运用该指标进行分析时，应注意如果企业的总资产周转率突然上升，而企业的主营业务收入与以往持平，则有可能是企业当期报废了大量固定资产所致，则不能说明企业利用全部资产的效率提高了。同时，对该指标的分析也应结合企业以前年度的实际水平、同行业平均水平进行对比分析，从中寻找差距，挖掘潜力，提高资产使用效率。

◎资产负债表资产增值能力分析

反映资产增值能力的指标主要就是资本保值增值率。资本保值增值率是期末所有者权益总额与期初所有者权益总额的比率。其计算公式如下：

资本保值增值率＝期末所有者权益总额 / 期初所有者权益总额

资本保值增值率反映了所有者投入企业的资本保值增值情况。该指标从两个方面考核企业经营者对所有者权益的保障程度：一方面要求按照资本金保全原则的要求管好、用好投资者投入的资本，在生产经营期间，除了投资者依法转让投资外，不得以任何理由抽走资本金。要保持与其生产经营规模相适应的资本金，以保证财务状况的安全性和稳定性，为提高企业的获利能力奠定基础；另一方面要求实现获利的企业还要注重内部积累和再投入，以保证自我发展能力，增强企业长期获利能力，从长远利益保障投资者的权益。一般说来，如果该比率大于1，则说明所有者权益增加，企业资本的保值、增值能力较强，企业发展后劲也较强。

解密企业的偿债能力和支付能力

企业偿债能力的强弱是判断企业财务状况好坏的主要因素之一。偿债能力分析又称企业偿债风险状况分析或安全性分析，是对企业偿还到期债务的能力的分析，包括短期偿债能力分析和长期偿债能力分析。

◎资产负债表短期偿债能力分析

短期偿债能力是指企业以流动资产偿还流动负债的能力，它反映企业偿付日常到期债务的能力。

反映短期偿债能力的指标

资产负债表反映短期偿债能力的指标主要有三个，如图7-2所示。

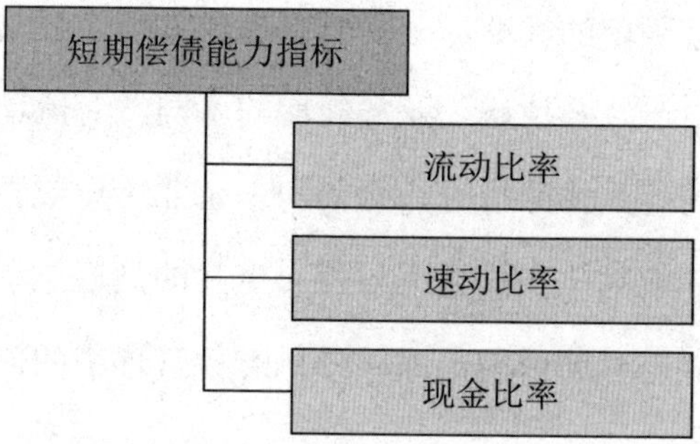

图 7-2 短期偿债能力反映指标

1. 流动比率

流动比率指的是流动资产与流动负债的比率关系，反映企业可在短期内转变为现金的流动资产偿还到期的流动负债的能力。计算公式为：

流动比率 = 流动资产 / 流动负债

企业能否偿还短期债务，要看有多少短期债务和有多少可以变现偿债的流动资产。对流动比率的分析，可从静态和动态两方面进行。（如图 7-3 所示）

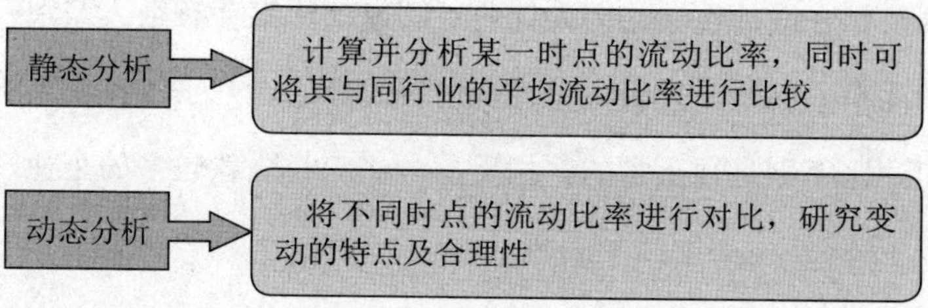

图 7-3 流动比率的动静态分析

一般认为，流动比率为 2 比较合适，这是人们根据长期经验得出的一般性看法。但近些年来，在某些西方人眼中，只要流动资产不贬值，即使损失 50%，公司的偿债能力丝毫不受影响。所以在很多情况下，并不能仅仅根据流动比率是否小于 2 来分析短期偿债能力是否正常。流动比率到底应保持在一个什么样的水平并没有确定的标准，一些数据也通常是由经验得来，在实践中无从考证。不同行业由于经营性质、业务周期的不同，对流动比率的衡量标准数值的要求也有所不同。具体分析时，必须和本企业历史数据及同行业平均数据进行比较，才能判断流动比率的合适与否。重要的是通过历史纵向比较和同行横向比较去查找高低差异的原因，深入分析财务管理中的问题加以改进。

2．速动比率

速动比率是企业速动资产与流动负债的比率。流动比率在评价企业短期偿债能力时，存在一定的局限性，如果流动比率较高，但流动资产的流动性较差，则企业的短期偿债能力仍然不强。在流动资产中，存货需经过销售，才能转变为现金，若存货滞销，则其变现就成问题。一般来说，流动资产扣除存货后称为速动资产。速动比率的计算公式为：

速动比率＝速动资产 / 流动负债

＝（流动资产－存货）/ 流动负债

通常认为正常的速动比率为 1，低于 1 的速动比率被认为是短期偿债能力偏低。但这仅是一般的看法，因为行业不同速动比率会有很大差别，没有统一标准的速动比率。例如，采用大量现金销售的商店，几乎没有应收账款，大大低于 1 的速动比率则是很正常的。相反，一些应收账款较多的企业，速动比率可能要大于 1。

【例 7-5】旺达有限责任公司资产负债表分析。

旺达有限责任公司资产负债表

单位：旺达有限责任公司　　2017 年 12 月 31 日　　单位：元

资产	年初数	期末数	负债和所有者权益（或股东权益）	年初数	期末数
流动资产：			流动负债：		
货币资金	100000	120000	短期借款	60000	50000
短期投资			应付票据		
应收票据			应付账款	183000	155000
应收股利			预收账款	80000	65000
应收利息			应付工资		
应收账款	280000	380000	应付福利费	23560	17000
其他应收款	80000	50000	应付股利		
预付账款		32000	应交税金		70000
应收补贴款			其他应付款	60000	130000
存货	351000	334000	其他应交款		
待摊费用	2560	2000	预提费用		32000
一年内到期的长期债权投资			预计负债		
其他流动资产			一年内到期的长期负债		
流动资产合计	813560	918000	其他流动负债		
长期投资：					
长期股权投资			流动负债合计	406560	519000
长期债权投资			长期负债：		
长期投资合计			长期借款	150000	120000
固定资产：			应付债券		
固定资产原价	325000	500000	长期应付款		
减：累计折旧	32000	79000	专项应付款		
固定资产净值	293000	421000	其他长期负债		
减：固定资产减值准备		200000	长期负债合计	150000	120000
固定资产净额	293000	221000	递延税项：		
工程物资			递延税款贷项		
在建工程			负债合计	556560	639000
固定资产清理					
固定资产合计	293000	221000	所有者权益（或股东权益）：		
无形资产及其他资产：			实收资本（或股本）	500000	500000
无形资产			减：已归还投资		90000

续表

资产	年初数	期末数	负债和所有者权益（或股东权益）	年初数	期末数
长期待摊费用			实收资本（或股本）净额		410000
其他长期资产			资本公积		
无形资产及其他资产合计			盈余公积		
			其中：法定公益金		
递延税项：			未分配利润	50000	90000
递延税款借项			所有者权益（或股东权益）合计	550000	500000
资产总计	1106560	1139000	负债和所有者权益（或股东权益）总计	1106560	1139000

透过该公司的资产负债表，我们可以看出公司的指标情况：

1．资产负债率

2016 年：（556560÷1106560）×100% = 50%

2017 年：（639000÷1139000）×100% = 56%

用于衡量企业负债水平高低情况，它是评价企业偿债能力的指标，一般以不超过 50% 为宜。从洪达公司 2016 年与 2017 年的资产负债率来看，对于债权人来说，看到企业负债率越低说明企业偿债能力越强；但对于企业来说，希望负债率高些，但过高将会影响企业的筹资能力。如果负债率达到 100%，那就说明企业资不抵债了。

2．流动比率

2016 年：（813560÷406560）×100% = 200%

2017 年：（918000÷519000）×100% = 177%

它是衡量企业的流动资产在其短期债务到期前可以变现用于偿还流动负债的能力。一般流动比率应在 200% 以上，这样才能保证企业既有较强的偿债能力，又能保证企业生产经营顺利进行。

3．速动比率

2016 年：（813560-351000-2560）÷406560 ＝ 113%

2017 年：（918000-334000-2000）÷519000 ＝ 112%

速动比例是衡量企业流动资产中可以立即用于偿还流动负债的能力，速动比率一般应保持在 100%以上。

4．流动资产率

2016 年：（813560÷1106560）×100% ＝ 74%

2017 年：（918000÷1139000）×100% ＝ 81%

流动资产是企业短期可以运用的资金，从资金运用而言，此比率越大越好。

短期偿债能力受多种因素的影响，包括行业特点、经营环境、生产周期、资产结构、流动资产运用效率等。仅凭某一期的单项指标，很难对企业短期偿债能力作出客观评价。因此，在分析短期偿债能力时，一方面应结合指标的变动趋势，动态地加以评价；另一方面，要结合同行业平均水平，进行横向比较分析。同时，还应进行预算比较分析，以便找出实际与预算目标的差距。

在分析评价企业短期偿债能力时应注意：一是科学、全面、综合地分析评价；二是根据企业自身的特点，具体情况具体分析，不可强求一律；三是抓住关键，重点考虑现金流量；四是与企业的长期偿债能力和盈利能力的分析联系起来。

短期偿债能力指标本身的局限性

反映短期偿债能力的流动比率和速动比率都存在局限性，在分析企业的短期偿债能力时，需要综合考虑其他一些因素，才能作出判断。具体来说，短期偿债能力指标的局限性表现为以下几方面。（如图 7-4 所示）

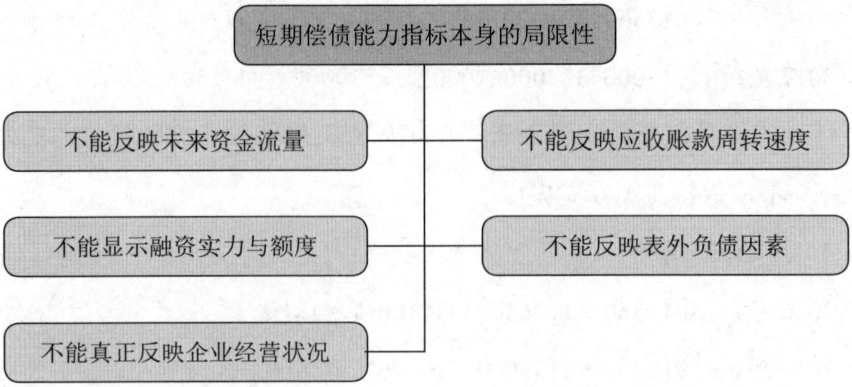

图 7-4 短期偿债能力指标本身的局限性

1. 不能反映未来资金流量

流动资产、速动资产和流动负债的有关数据都来自资产负债表的时点指标，只能表示企业在某一特定时刻一切可用资源及需偿还债务的状态或存量，与未来资金流量并无因果关系。也就是说，流动比率和速动比率反映的都是一种存量概念，既不能代表企业全年的一般状况，也未考虑资金流量和销货、利润及经营情况等因素，因此，流动比率和速动比率无法用以评估企业未来资金的流动性。实际上企业的偿债能力与资金流量和企业的销货、利润及经营情况等存在着非常密切的关系。在分析时，有必要给予这些项目应有的关注。

2. 不能反映应收账款周转速度

流动比率和速动比率不能反映应收账款的周转速度对短期偿债能力的影响。若企业的赊销政策和收账政策比较宽松，可能导致企业账面上出现大量的应收账款，在应收账款周转率较低的情况下，会虚增企业的流动比率和速动比率。在分析流动比率和速动比率时，必须注意分析应收账款周转率，并考虑企业的信用标准和信用政策。

3. 不能显示融资实力与额度

流动比率和速动比率不能显示企业向金融机构融资的实力和额度。许多企业在现金短缺时，会向金融机构借款，从而增强企业的短期偿债能力。但企业的资金融通能力并不能通过流动比率和速动比率得到反映。

4．不能反映表外负债因素

流动比率和速动比率是报表内指标，但影响企业短期偿债能力的还有一些报表外因素。如企业未使用的贷款指标、企业拥有的某些可迅速变现的长期资产等，都可能增强企业的短期偿债能力；而企业未记录的或有负债和对外提供的担保则可能使企业到时要承担债务而减弱企业的短期偿债能力。所以分析者还必须注意搜集和分析这些表外影响因素，才能对企业的偿债能力做更准确的评估。如：企业会计报表的附注中若存在金额较大的或有负债、股利发放和担保等事项，则可导致企业未来现金的减少，降低企业偿债能力。而如果企业拥有能很快变现的长期资产，或可以运用诸如可动用的银行贷款指标、增发股票等筹资措施，则可使企业的流动资产增加，并提高企业偿还债务的能力。

5．不能真正反映企业经营状况

很高的流动比率也可能伴随着一些并不良好的经营状况。如经济衰退时，企业压缩整顿，债权人纷纷要求偿还负债，此时即使流动比率很高，偿债能力也不佳；在正常的经营环境下，过高的流动比率意味着企业占用了大量盈利性差的流动资产等。反之，跌落的流动比率也许意味着企业的盈利水平提高。所以，在分析企业的流动比率时，还应该注意企业的经营环境、经营战略和盈利能力。

特别提示

资产负债表短期偿债能力分析主要依据流动比率与速动比率，但由于这两个比率本身也存在局限性，所以在分析时必须结合存货周转率、应收账款周转率以及其他一些影响因素进行综合考虑。如在用流动比率和速动比率解释短期偿债能力出现矛盾的情况下，必须懂得存货周转率所起的作用。在速动比率较大（大于0.8）而流动比率较低（小于1.6）时，企业有足够的速动资产去偿付流动负债，分析短期偿债能力应以速动比率指标为准。在流动比率大于1.6而速动比率小于0.8时，应以哪种指标为准.要以存货周转率的高低为判断依据。存货周转率高，以流动比率为准：存货周转率低，以速动比率为准。因为流动比率高而速动比率低是基于企业有大量存货这一事实，若存货周转率高，说明这些存货可以迅速变现，企业有良好的偿债能力，若存货周转率低，说明存货难以变现，企业的实际短期偿债能力较弱。

◎资产负债表长期偿债能力分析

长期偿债能力是指企业偿还长期债务的能力。衡量企业长期偿债能力主要就看企业资金结构是否合理、稳定以及企业长期盈利能力的大小。资产负债表分析长期偿债能力的指标主要有四个。

资产负债率

资产负债率是企业负债总额占企业资产总额的百分比，反映企业在资产总额中有多大比例是通过借债筹资的。其公式是：

资产负债率＝负债总额/资产总额

对资产负债率的具体分析如表 7-9 所示。

表 7-9 资产负债率分析表

分析角度	具体分析内容
债权人	资产负债率越低越好，因为资产负债率低，债权人提供的资金与企业资本总额相比，所占比例低，企业不能偿债的可能性小，企业的风险主要由股东承担，这对债权人来讲是十分有利的
股东	在全部资本利润率高于借款利息率时，负债比例越高越好 不改变股东的控制权看，股东希望保持较高的资产负债率
经营者	资产负债率高，节税带来的收益就大 较高的资产负债率是企业快速发展的信号，显得企业活力充沛 企业应充分估计预期的利润和增加的风险，把资产负债率控制在适度的水平

负债经营率

负债经营率是企业长期负债总额与所有者权益总额的比率，反映企业资金来源结构的独立性和稳定性。其计算公式为：

负债经营率 = 长期负债总额 / 所有者权益总额

一般认为企业负债经营率在 25% ～ 30% 写比较合理，这一比率过高说明企业的独立性较差，过低则说明企业资金的利用效率不高。

企业的负债经营率较高或逐渐升高，表明企业生产经营资金增多，企业资金来源增多，或者说企业利用外部资金的水平提高，自有资金的潜力得到进一步发挥；但同时也表明资金成本增加，长期负债和利息支出增多，或者说由于企业风险增大，一旦企业陷入经营困境，如贷款收不回来、流动资金不足时，长期负债就会成为企业包袱。

企业负债经营率较低或逐渐降低，表明企业的独立性强，企业长期资金稳定性好；但同时也表明企业产品利润率低，或者虽然产品利润率高，企业自有资金利润率大于银行借款利率，但企业没有充分利用外部资金为企业创利，坐失良机。另外，该比率较低也可能是企业流动负债过多，企业生产经营过程中资金结构不稳定所致。

产权比率

产权比率是负债总额与所有者权益总额的比率，反映债权人提供的资本与所有者提供的资本的相对关系，反映企业基本财务结构的稳定性。其计算公式为：

产权比率＝负债总额/所有者权益

产权比率高，是高风险、高报酬的财务结构；产权比率低，是低风险、低报酬的财务结构。产权比率同时也表明债权人投入的资本得到所有者权益保障的程度，或者说企业清算时对债权人利益的保障程度，按规定债权人的索偿权在所有者前面，债权人的利益因所有者提供的资本所占比重较大而有足够的保障。资产负债率与产权比率可以相互补充，因此，对产权比率的分析可以参见对资产负债率的分析。

所有者权益比率

所有者权益比率是所有者权益总额和资产总额的比率，反映的是企业全部资产中有多少比重是属于所有者的。其计算公式为：

所有者权益比率＝所有者权益总额/资产总额

从债权人的角度来讲，所有者权益比率总是越高越好。所有者权益比率越高，其负债比率就越低，企业的财务风险相应也就越小。

◎利润表长期偿债能力分析

在上一节我们已经介绍了通过资产负债表进行企业的长期偿债能力分析，这里介绍通过利润表进行长期偿债能力分析。根据利润表项目进行企业的长期偿债能力分析，主要采用的分析指标是利息保障倍数。

企业对外借债的目的，在于获得必要的经营资本。举债经营必须使所借债务的利息小于这笔债务所赚取的利润，否则对企业非常不利。利润越高，借入资本盈利少于利息的风险越大，利息保障倍数可以衡量这种风险的程度。利息保障倍数是指企业利润用于所需支付的长期偿债利息的倍数，用于分析企业在一定盈利水平下支付债务利息的能力，也叫已获利息倍数。其计算公式为：

$$利息保障倍数=\frac{税前息前利润}{利息费用}$$

公式中的“税前息前利润”是指利润表中未扣除利息费用和所得税之前的利润，即息税前利润。它可以用“利润总额”加“利息费用”来测算。由于我国现行损益表“利息费用”没有单列，而且混在“财务费用”之中，外部报表使用人只好用“利润总额加财务费用”来估计。

利息保障倍数反映企业经营收益为所需支付的债务利息的多少倍。只要利息保障倍数足够大，企业就有足够的能力偿付利息，相反，如果比率太低，说明企业很难保证用经营所得来按时按量支付债务利息。利息保障倍数越大越好，一般企业的利息保障倍数至少要大于1，否则企业就失去了对债权人的吸引力，陷入举步维艰的状态。

为了正确评价企业的利息保障倍数，一般需将该企业的这一指标与其他企业，特别是本行业平均水平进行比较，来分析决定本企业的指标水平。同时从稳健性的角度出发，最好连续计算出本企业几个年度的利息保障倍数，从中选取最低年度作为代表企业偿债能力的指标。一般来说，往往需要连续计算五个或五个以上的会计年度的利息保障倍数，才能确定其偿债能力的稳定性。这是因为，企业在经营好的年头要偿债，而在经营不好的年头也要偿还大约同量的债务。采用指标最低年度的数据，可保证最低的偿债能力。

需要说明的是，上述利息保障倍数的计算，不仅包括长期债务利息，也包括短期债务利息，因此也称为全部利息保障倍数，它反映企业在长期内的一般偿债能力指标。

为了单独评价企业长期债务利息的偿债能力，企业也可以单独计算一个长期负债与营运资金的比率，它是用企业的长期债务与营运资金相除计算的。其计算公式如下：

$$长期债务与营运资金比率=\frac{长期负债}{流动资产-流动负债}$$

特别提示

一般情况下，长期债务不应超过营运资金。由于长期债务会随时间延续不断转换为流动负债，并需要动用流动资金来偿还，所以保持长期债务不超过流动负债，才能使长期债权人和短期债权人感到贷款有安全保障。

◎现金流量表偿债能力分析

现金流量表的偿债能力分析主要是用来对资产负债表的偿债能力分析进行修正。在资产负债表的偿债能力分析中，所计算的流动比率和速动比率依据的，是流动资产和速动资产，而这类资产中有很多项目存在变现困难的问题，计算的指标有可能失去其准确性。与资产负债表和利润表比较，现金流量的多少更能体现企业的变现能力和支付能力。实务中，借助现金流量表进行偿债能力分析所经常使用的指标有以下四个：

现金比率

现金比率也称现金流动负债比率，该指标可以衡量短期偿债能力，其计算公式为：

现金比率 = 现金余额 ÷ 流动负债总额

现金流动负债比率是从现金流入和流出的动态角度对企业实际偿债能力进行的再次修正，可显示企业立即偿还到期债务的能力。对债权人来说，现金比率越高越好，大于 1 说明企业光靠手中现金即可偿还流动负债，这样当然最好不过。但对企业来说，恰恰相反，因为资产的流动性和其盈利能力成反比，保持最具流动性的现金会降低企业的盈利能力，所以企业不愿现金比率太高。

现金流量指标

将本期取得的收入和负债总额、流动负债、流动负债增加额、八年内到期的长期负债和流动资产净增额进行比较来确定企业的偿债能力。其公式分别如表 7-10 所示。

表 7-10 现金流量指标计算公式

评价指标	计算公式
现金流量对负债总额之比	$\frac{\text{现金净流量}}{\text{负债总额}}\times100\%$
现金流量对流动负债之比	$\frac{\text{现金净流量}}{\text{流动负债}}\times100\%$
现金流量对流动负债增加之比	$\frac{\text{现金净流量}}{\text{流动负债净增加额}}\times100\%$
现金流量对当期到期的长期负债之比	$\frac{\text{现金净流量}}{\text{八年内到期的长期负债}}\times100\%$
现金流量对流动资产增加之比	$\frac{\text{现金净流量}}{\text{流动资产净增额}}\times100\%$

（1）现金流量对负债总额之比分析。该指标用来衡量企业用每年的现金净流量偿还全部债务的能力。该比值大于或等于 1，说明企业有能力通过经营活动获得的现金偿还到期的债务，而不是收回投资或借新债还旧债；若该比值小于 1，说明本期必须筹措资金或出售资产才能偿还债务。

（2）现金流量对流动负债之比分析。相对于前一个指标，该指标排除了不正常的应收账款和存货及其不能变现的流动性项目的增加对计量资产流动性的影响，因而可以更准确地反映现金偿还债务的能力。当一个企业现金流量对流动负债比高于同业的平均水平时，表明企业具有较好的偿还流动负债的能力。一般而言，该比率值越大，说明企业偿债能力越大，相应的风险越小；其值越小，表明偿债能力越小，相应的风险越大。

（3）现金流量对流动负债增加之比分析。反映企业现金净流量的增加是否与流动负债的增加同步。该比率等于或大于 1 时，表明企业现金增加幅度与流动负债增加幅度同步甚至有所超过，至少意味着新增流动负债是有保障的；该比率小于 1 时，要判断企业偿债能力，还要分析流动比率和现金比率。

（4）现金流量对当期到期的长期负债之比分析。这是西方企业财务分析市场用的指标。该比率数值越大，表明企业偿还到期长期债务的能力越强。

（5）现金流量对流动资产增加之比分析。反映企业流动资产净增加额中现金及现金等价物的增加程度。（如图 7-5 所示）

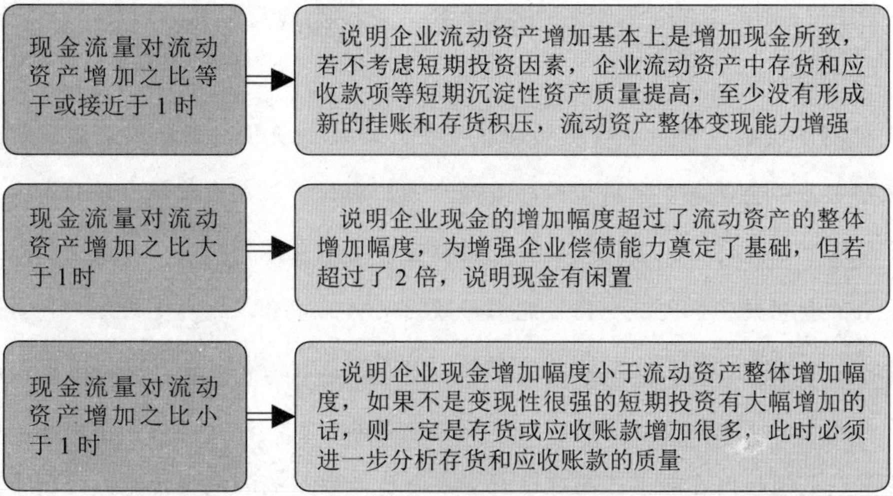

图 7-5 现金流量对流动资产增加之比分析

现金支付保障率

其计算公式如下：

$$现金支付保障率=\frac{本期可动用现金资源}{本期预计现金支付数}\times 100\%$$

反映企业在特定期间实际可动用的现金资源能够满足当期现金支付的水平，是从动态角度衡量企业偿债能力发展变化的指标。本期可动用现金资源包括期初现金余额加上本期预计现金流入数。本期预计现金支付数为预计的现金流出数。现金支付保障率应当是越高越好。如果该比率达到100%，意味着可动用现金刚好能用于现金支付；如果该比率超过100%，意味着在保证支付所需现金后，企业还能保持一定的现金余额来满足预防性和投机性需求，但若超过幅度太大，就可能是拥有现金的机会成本超过满足支付所带来的收益，不符合“成本－收益”原则；如果该比率低于100%，显然会削弱企业的正常支付能力，有可能会引发支付危机，使企业面临较大的财务风险。

特别提示

短期偿债能力分析主要是对比流动资产与流动负债，其原因是流动资产在短期内可以变换成现金用于偿还流动负债。因此，短期偿债能力分析不太强调盈利能力的重要性。盈利是权责发生制会计的期末计算结果，即使企业财务报表上的利润数字很大，也仍可能由于缺乏足够的现金而无力支付短期债务，同时，有时候企业虽在报告期发生亏损，但手头上却仍有现金。因此，不论是债务人还是债权人都十分注重对企业经营成果的分析，以寻求长期偿债能力与企业盈利之间的内在联系。而通过对资产负债表中影响长期偿债能力的因素进行分析，可以看出企业的偿债能力的强弱，与期初数或计划数相比较，则可以看出在生产经营中偿债能力的变化趋势，从而有利于各方面在进行预测、决策时作出正确判断。

◎现金流量表股利支付能力分析

企业的股利支付能力主要是通过其当期取得的现金收入特别是经营活动现金收入，同各种开支来进行分析和比较的。按企业经营和分配的正常程度，当企业将本期经营活动现金收入同本期偿还的债务、发生的支出进行配比后，其余额即为可用于投资及分配的现金。

一方面可以用经营活动的净现金流量与流通在外的普通股股数之比来反映企业支付股利的能力，另一方面也可以用经营活动的净现金流量与现金股利之比来反映企业年度内支付现金股利的能力。他们之间的比例大，就证明企业支付能力强，反之，就会形成支付风险。

一般来讲，若企业本期可用于投资、分配股利（利润）的现金大于0，说明企业当期经营活动现金收入加上投资活动现金收入足以支付本期债务及日常活动支出，且尚有结余用于再投资或利润分配；反之，则说明企业尚需通过筹资来弥补支出的不足。

企业支付股利能力的强弱，主要由下面三个指标衡量。

经营活动的现金净流量与当期支付的现金股利的比率

该指标表示企业用年度正常经营活动所产生的现金净流量来支付股利的能力，其值越大，表明企业支付股利的能力越强。

但是有时候企业对股东的分配政策有很多种，如果当年企业采用了保守的股利分配政策，即基本不分派股利，或者很少比率地分派股利，在这样的情况下，计算出来的现金股利比率很高，却没有可比性。

可供普通股股东分配的营业现金净流量与流通在外的普通股股数的比率

即(经营活动产生的现金净流量－优先股股利)/流通在外的普通股股数。公式中“流通在外的普通股股数”应为流通在外普通股的加权平均数。该指标反映了每股流通在外的普通股的现金净流量。它通常大于每股收益（因为现金流量中包含折旧）。从短期来看，它是主要反映企业进行资本支出和支付股利的能力。每股现金流量越大，股利支付能力越强。

它反映的是企业对现金股利最大限度的分派能力。其计算公式为：每股经营现金流量净额＝经营活动现金净流量 ÷ 普通股股数这一指标说明了每一份股本拥有的经营活动现金净流量，股东要想分得股利，最基本的条件是企业有可以用于分派股利的现金，投资活动和筹资活动取得的现金都不能用于分配股利，只有经营性净现金收入才可以真正用来分派股利。

经营活动现金净流量与总股本之比和经营活动现金净流量与净资产之比

前一比率反映每股资本获取现金净流量的能力，比率越高，说明企业支付股利的能力越强；后一比率反映投资者投入资本创造现金的能力，比率越高，创现能力越强。

预测企业发展能力

企业的发展能力，是指企业可持续发展并壮大的能力。这是关乎企业前景的重要能力指标。通常企业通过不断增加的营业收入、资金投入和不断创造的利润提高发展潜能。在判断企业在未来时期的动态发展潜能方面，主要从这三方面进行。

◎利润表发展能力分析

利润表发展能力分析，主要以销售增长率和净利润增长率为主要指标。

销售增长率

销售增长率，是衡量企业销售增长方面的指标。一个企业的销售增长，通常说明企业的生存和发展能力的提高。销售增长率的计算公式如下：

销售增长率＝本年销售增长额 ÷ 上年销售总额＝（本年销售总额－上年销售总额）÷ 上年销售总额

销售增长率是衡量企业经营状况和市场占有能力、预测企业经营业务拓展趋势的重要指标，也是企业扩张增量资本和存量资本的重要前提。该指标越大，表明其增长速度越快，企业市场前景越好。

【例 7-6】某企业上一年的销售收入为 685000 元，本年销售收入为 1000000，其销售增长率计算过程如下：

$$
\begin{aligned}
\text{销售增长率} &= \frac{\text{本年销售总额}-\text{上年销售总额}}{\text{上年销售总额}} \times 100\% \\
&= \frac{1000000-685000}{685000} \times 100\% \\
&= 45.99\%
\end{aligned}
$$

该企业的销售增长率为 45.99%，一般来说，这是一个比较高的增长。销售的增长能否说明企业成长快，这需要综合分析，所以此处只能说一般来说这个增长率比较高。

净利润增长率

净利润是指利润总额减所得税后的余额，是当年实现的可供出资人（股东）分配的净收益，也称为税后利润。它是一个企业经营的最终成果，净利润多，企业的经营效益就好；净利润少，企业的经营效益就差，它是衡量一个企业经营效益的重要指标。

净利润＝利润总额－所得税

净利润增长率＝本年净利润增长额 ÷ 上年净利润＝（本年净利润－上年

净利润）÷ 上年净利润

净利润的多寡取决于两个因素，一是利润总额，其二就是所得税。企业所得税等于当期应纳税所得额乘以企业所得税税率。我国现行的企业所得税税率为 25%，对符合国家政策规定条件的企业，可享受企业所得税优惠，如高科技企业所得税率为 15%。

净利润增长率代表企业当期净利润比上期净利润的增长幅度，指标值越大代表企业盈利能力越强。

◎现金流量表企业发展能力分析

企业要实现自身规模的不断扩大，就必须追加大量的长期资产，反映在现金流量表中即投资活动中的现金流出量要大幅度提高。无论是对内投资的现金流出量，还是对外投资的现金流出量，它们的大幅度提高，往往都意味着一个新的投资机会和发展机遇的到来。

在对企业的发展能力进行分析时，需要将投资活动与筹资活动产生的现金流量联系起来，才能分析出企业未来可能的发展状况，如图 7-6 所示。

当投资活动中的现金净流出量与筹资活动中现金净流入量在本期的数额都相当大时	说明该企业在保持内部经营稳定进行的前提下，从外部筹集了大笔资金用于扩大生产经营规模，其未来的发展能力应该是较强
当投资活动中产生的现金流入量与筹资活动中产生的现金流出量在数额上比较接近且都较大时	说明企业在保护内部经营稳定的前提下，将大笔对外投资的资金收回（主要通过收回投资、处置固定资产等方式），用于支付到期债务。在这种情况下，企业就难以产生扩张动机，其自我发展能力也较弱

图 7-6 现金流量表企业发展能力分析

参考文献

［1］叶金福．从报表看舞弊：财务报表分析与风险识别［M］．北京：机械工业出版社，2018．

［2］续芹．财务报表解读：教你快速学会分析一家公司［M］．北京：机械工业出版社，2017．

［3］宋娟．财务报表分析从入门到精通（实例版）［M］．北京：机械工业出版社，2018．

［4］张远录．会计报表分析（第3版）［M］．北京：机械工业出版社，2016．

［5］许振声．财务报表阅读与分析指南（第2版）［M］．北京：机械工业出版社，2009．

［6］马立占．财务报表分析．［M］．北京：电子工业出版社，2018．

［7］叶陈云．陪你学财务报表分析［M］．北京：机械工业出版社，2014．

［8］崔宏．财务报表阅读信贷分析实务［M］．北京：机械工业出版社，2011．

［9］闫静．管理者14天看懂财务报表［M］．北京：机械工业出版社，2013．

［10］叶传财，潘连乡，管伟，万俊敏．财务报表分析．西安：西北工业大学出版社，2012．

［11］鲍新中，财务报表一本通．广州：广东经济出版社，2011．

［12］陈春洁．小企业会计核算实务 图解版．广州：广东人民出版社，2012．

［13］池国华，王玉红，徐晶．财务报表分析．第2版．北京：清华大学出版社，

2011.

[14] 伍光明 . 基础会计 . 北京：北京理工大学出版社，2011.

[15] 王森，马军红 . 成本核算从入门到精通 . 北京：中国铁道出版社，2012.

[16] 张蔚文 . 初级会计学（修订版）》. 广州：华南理工大学出版社，2008.

[17] 甘娅丽 . 财务报表编制与分析 . 北京：北京理工大学出版社，2011.

[18] 黄丽莉 . 从零开始学财务报表（图解版）. 北京：化学工业出版社，2011.

[19] 李芳懿 . 财务报表编制与分析 . 北京：中国市场出版社，2011.

[20] 刘杉 . 企业财务分析 . 上海：信会计出版社，2011.

[21] 马广林，逄咏梅 . 财务管理 . 上海：立信会计出版社，2010.

[22]梅晓文，许欣，刘元洪 . 会计学原理 . 北京：北京航空航天大学出版社，2011.

[23] 琼慧 . 跟老会计学工业会计 . 上海：立信会计出版社，2012.

[24]曲喜和，严鸿雁，徐鲲 . 会计学 . 第2版 . 北京：北京邮电大学出版社，2011.

[25] 鲍新中 . 人人都能读懂的财报手册：财务报表一本通 . 广州：广东经济出版社，2011.

[26] 宋娟 . 财务报表分析从入门到精通 . 北京：机械工业出版社，2010.

[27] 孙建华，顿朝晖，方拥军 . 财务报表分析 . 北京：清华大学出版社，2012.

[28] 孙健 . 经理人必备：会计与财税知识 . 北京：新世界出版社，2008.

[29] 索晓辉 . 会计新手一学就会 . 北京：中国宇航出版社，2012.

[30] 唐现杰，徐鹿，李炜，陈旭 . 财务分析 . 上海：格致出版社，2011.

［31］王红娟，杨敏茹，马秋玲．财务会计．第二版．北京：北京理工大学出版社，2011.

［32］王宏波，何建华，王建强．会计学基础．北京：科学出版社，2011.

［33］魏素艳．企业财务分析．北京：清华大学出版社，2011.

［34］魏亚平．财务报告分析．厦门：厦门大学出版社，2012.

［35］文莉．会计入门五日通．上海：立信会计出版社，2009.

［36］吴晶．手把手教部门经理看报表．北京：中国纺织出版社，2010.

［37］翔鸿，甘世兴．数字背后的秘密 轻松看透财务报表．北京：企业管理出版社，2010.

［38］小企业会计准则研究组．小企业会计准则操作指南．大连：东北财经大学出版社，2012.

［39］熊运儿，曾祥慈．会计报表编制与分析．北京：北京理工大学出版社，2011.

［40］杨争媛．企业财务报表编制方法与实务．北京：中国市场出版社，2008.6.

［41］张兵．不懂财务真不行 财务常识看这一本就够了．北京：化学工业出版社，2011.

［42］张珈豪．一看就懂的财务报表全图解．北京：北京理工大学出版社，2011.

［43］朱志敏．Excel 财务与会计应用标准教程．北京：清华大学出版社，2010.